BIBLIOTHÈQUE
DE PHILOSOPHIE CONTEMPORAINE

FRÉDÉRIC NIETZSCHE

CONTRIBUTION A L'HISTOIRE
DES IDÉES PHILOSOPHIQUES ET SOCIALES
A LA FIN DU XIXe SIÈCLE

PAR
EUGÈNE DE ROBERTY

PARIS
FELIX ALCAN, ÉDITEUR
ANCIENNE LIBRAIRIE GERMER BAILLIÈRE ET Cie
108, BOULEVARD SAINT-GERMAIN, 108

1902

FRÉDÉRIC NIETZSCHE

A LA MÊME LIBRAIRIE

OUVRAGES DU MÊME AUTEUR

La Sociologie. 1 vol. in-8 de la *Bibliothèque scientifique internationale*; 4e édition, cart. à l'anglaise. . . . . 6 fr.

L'Ancienne et la Nouvelle Philosophie. 1 vol. in-8 de la *Bibliothèque de philosophie contemporaine*. . . . . 7 fr. 50

L'Inconnaissable; sa métaphysique, sa psychologie. 1 vol in-18 de la *Bibliothèque de philosophie contemporaine*. . . 2 fr. 50

La Philosophie du Siècle. 1 vol. in-8 de la *Bibliothèque de philosophie contemporaine*; 2e édition . . . . 5 fr.

Agnosticisme. 1 vol. in-18 de la *Bibliothèque de philosophie contemporaine*; 2e édition. . . . . 2 fr. 50

La Recherche de l'Unité. 1 vol. in-18 de la *Bibliothèque de philosophie contemporaine*; 2e édition. . . . . 2 fr. 50

A. Comte et H. Spencer. 1 vol. in-18 de la *Bibliothèque de philosophie contemporaine*; 2e édition. . . . . 2 fr. 50

L'Éthique. *Le Bien et le Mal.* 1 vol. in-18 de la *Bibliothèque de philosophie contemporaine*; 2e édition. . . . . 2 fr. 50

Le Psychisme social. 1 vol. in-18 de la *Bibliothèque de philosophie contemporaine*; 2e édition . . . . 2 fr. 50

Les Fondements de l'Éthique. 1 vol. in-18 de la *Bibliothèque de philosophie contemporaine*; 2e édition. . . . . 2 fr. 50

Constitution de l'Éthique. 1 vol. in-18 de la *Bibliothèque de philosophie contemporaine*. . . . . 2 fr. 50

EN PRÉPARATION

L'Éthique. Cinquième essai : *La Morale, l'Art et la Conduite humaine.*

CHEZ PAUL OLLENDORFF, ÉDITEUR

Qu'est-ce que le crime? Brochure. . . . . 1 fr.

Qu'est-ce que le progrès? Brochure. . . . . 1 fr.

CHEZ SCHLEICHER FRÈRES, ÉDITEURS

Pourquoi je ne suis pas positiviste. Brochure. . . . . 1 fr. 50

Morale et Politique. Brochure. . . . . 1 fr. 50

Coulommiers. — Imp. PAUL BRODARD. — 399-1902.

FRÉDÉRIC NIETZSCHE

CONTRIBUTION A L'HISTOIRE

DES IDÉES PHILOSOPHIQUES ET SOCIALES

A LA FIN DU XIXe SIÈCLE

PAR

EUGÈNE DE ROBERTY

PARIS

FÉLIX ALCAN, ÉDITEUR

ANCIENNE LIBRAIRIE GERMER BAILLIÈRE ET Cie

108, BOULEVARD SAINT-GERMAIN, 108

1902

A MON TRÈS CHER AMI

PAUL ADAM

FRÉDÉRIC NIETZSCHE

PREMIÈRE PARTIE

CARACTÉRISTIQUE GÉNÉRALE

I

Un événement intellectuel qui sollicite l'attention la plus paresseuse, un fait mental qui frappe et surprend par son indéniable valeur symptomatique, une attitude peu ordinaire prise par la pensée vis-à-vis du monde : le *nietzschéanisme* — ontologie plutôt maigre et somptueuse philosophie sociale, — le nietzschéanisme est sûrement tout cela. Et c'est déjà beaucoup.

Serait-il autre chose encore? Signifierait-il l'accession au trône vide de la philosophie d'une doctrine jeune, puissante, pleine de sève? Des esprits à l'enthousiasme facile se sont plu à l'espérer : je comprends et je respecte, sans la partager, leur illusion.

D'ailleurs, je ne pense pas que l'on puisse, dès aujourd'hui, juger l'œuvre de Nietzsche d'une façon complète ou définitive. Mais, à défaut d'un semblable effort, je veux, dans les pages suivantes, apporter aux historiens et aux critiques futurs qui auront tout loisir pour reviser nos sentences, quelques éléments nouveaux d'information, le témoignage d'un contemporain. Je cherche surtout, dans mon travail, à déduire, de l'examen de la mentalité si complexe du célèbre moraliste, les divers enseignements qu'elle comporte. La présente étude est donc autant — les lecteurs s'en apercevront bien — un livre *sur* Nietzsche qu'un livre *à propos* de Nietzsche.

S'inspirant de certaines boutades de Nietzsche lui-même, on a prétendu que sa personnalité intellectuelle et morale était beaucoup plus intéressante que sa doctrine : admirable prétexte pour rabaisser cette dernière! Tel, entre autres, est l'avis du critique danois Brandes. Comparant Schopenhauer et Nietzsche à Spencer, Mill, Bain et Lewes, ne déclare-t-il pas que si ceux-ci nous touchent plus par ce qu'ils font que par ce qu'ils sont, ceux-là, devins, voyants, artistes, sont moins précieux par leur œuvre que par leur personne? J'avoue ne point saisir l'utilité de cette distinction qui veut être fine et profonde et qui me paraît insignifiante et superficielle. Un penseur ne vaut que par les idées effectivement émises par lui; or, si celles-ci sont petites, médiocres ou falotes, l'écrivain qui les aura exprimées ne sera point le « grand homme » dont Nietzsche dit quelque part : « Il y a dans un philosophe ce qu'il n'y a jamais dans une philosophie : la cause de beaucoup de philosophies ».

L'œuvre du philosophe comprend aussi bien les idées plus ou moins neuves et fortes qui sillonnent son cerveau (et qui déjà relient les uns aux autres une multitude de faits), que l'arrangement systématique, l'ordonnance rationnelle de semblables matériaux. Chez Nietzsche, ses plus ardents adversaires l'admettent, les idées ne sont ni basses, ni communes; mais elles s'accordent mal entre elles, elles s'entre-choquent parfois avec violence, elles semblent venir de sources distinctes, elles paraissent se rattacher à plusieurs systèmes différents. Nietzsche se moque de la symétrie voulue, de l'ordre obligatoire; il y voit les traits habituels de ce qu'il nomme « l'esprit de lourdeur », l'apanage du philistin. Mais la volonté qui préside à la conception et à l'exécution d'un plan, n'est-elle pas plus subjective, en somme, que la connaissance qui observe, qui scrute, qui souvent bouleverse la réalité? Que signifient, dès lors, les nombreux hommages et les éloges qui, passant par-dessus la philosophie de Nietzsche, prétendent s'adresser à la personne seule du philosophe?

Je me place, dans cette étude, à un point de vue différent. C'est l'œuvre de Nietzsche en ce qu'elle offre d'impersonnel et d'objectif, ce sont les parties ou les éléments durables de sa philosophie et de sa sociologie qui m'intéressent avant tout et qui me semblent posséder une valeur certaine. Valeur négative ou critique sans doute; mais la négation ne joue-t-elle pas dans les choses de la vie morale ou sociale un rôle pareil à celui que la décomposition tient dans les phénomènes de la vie physiologique : ne fait-elle pas manifestement partie de l'œuvre édificatrice totale? On ne saurait assez combattre, en vérité, cette grosse erreur — l'un des préjugés les plus répandus de la demi-science sociale actuelle, — qui consiste à croire que « la faculté destructive est sans cesse à notre portée, que l'anéantissement d'une société peut être fort rapide, que sa reconstitution, au contraire, est toujours très lente, en sorte qu'il faut à l'homme des siècles d'efforts pour rebâtir péniblement ce qu'il a démoli en un jour ». Voilà, à mon sens, de bien vaines paroles. Les forces brutes de la nature peuvent quelquefois, avant qu'une civilisation avancée y ait mis bon ordre, porter des coups subits et violents à la prospérité des hommes; mais l'humanité elle-même se montre infiniment respectueuse de l'œuvre sortie de ses mains. Des siècles de sape patiente, interrompue par des replâtrages répétés, précèdent dans la vie sociale l'écroulement du moindre pan de mur; et les plus fortes bourrasques, les grands orages révolutionnaires ne balayent, d'habitude, et ne dispersent au vent que les poussières de choses depuis longtemps tombées en ruine. On s'en aperçoit vite lorsque renaissent la paix et la lassitude des jours ordinaires.

Quoi qu'il en soit, je n'attache qu'une importance minime aux éléments subjectifs de la philosophie de Nietzsche. Son cas est, en somme, pareil à celui de tous les philosophes. Il faut, pour peser les doctrines nietzschéennes dans une juste balance, tenir largement compte à leur auteur de ce qu'on nomme « l'équation personnelle »; il faut avoir égard à son tempérament mobile et inquiet, à son imagination d'artiste toujours en éveil, à sa sensibilité excessive. On devrait, par suite, ce me semble, passer rapidement sur les inconséquences, les contradictions, les lubies, les étrangetés qui émaillent, comme autant de fleurs sauvages ou monstrueuses, la plupart de ses écrits, pour ne s'arrêter avec piété que devant le résultat net, le produit ultime de cette extraordinaire fermentation, de cette tension extrême, de cette dépense énorme de toutes les forces vives de l'âme!

II

Les souffrances physiques vaillamment endurées par Nietzsche et la poignante catastrophe qui termina sa courte carrière, qui couronna d'une lugubre auréole de martyr sa vie simple et modeste, émeuvent les plus durs d'entre nous et remplissent nos cœurs d'un sentiment de vague protestation et de tristesse. Nous ne pardonnons pas aisément au sort sa perpétuelle et irritante cécité. Et ce mouvement d'humeur profite à la personnalité du philosophe; il contribue à la mettre en relief, il lui donne une sorte de vie factice, une existence distincte de celle de son œuvre. Car, pour le reste, la vie de Nietzsche se confond avec l'histoire de ses livres. Sa biographie se compose presque exclusivement de dates typographiques. D'ailleurs, elle n'est pas compliquée, on peut la raconter en quelques mots. En voici quelques traits qui méritent une brève notation.

Nietzsche fut un enfant modèle, « ungeheuer artig, ein wahres Musterkind », disent les mémoires de sa sœur, Mme Fœrster. Il étonnait ses maîtres et ses compagnons par la régularité de ses habitudes et par sa stricte obéissance. Une soumission bienveillante aux volontés plus énergiques que la sienne et aux circonstances plus fortes que son désir semble avoir été la qualité maîtresse du caractère de ce terrible révolté, de ce fougueux polémiste, de cet ardent négateur. L'enfant malléable et doux devint successivement l'écolier exact, attentif et patient, le citoyen respectueux des autorités, des lois, toujours prêt à remplir ses moindres devoirs, enfin l'homme résigné aux tortures de la maladie, acceptant avec fierté sa destinée mélancolique, envisageant la mort sans joie, mais aussi sans crainte.

« Je doute, dit quelque part Nietzsche, que la souffrance rende meilleur, mais je sais qu'elle nous rend plus profonds. » Il généralise peut-être, dans cet aphorisme, une expérience personnelle; il semble, en effet, que chez lui la bonté pouvait difficilement s'accroître, même par le moyen sûr qui l'augmente ou l'éveille dans l'âme de la plupart des hommes. Ce témoignage encore, en faveur d'une large tolérance dans le domaine des choses de l'esprit, se dégage de l'étude de la vie et du caractère de Nietzsche, à savoir, que la liberté, l'indépendance absolue dans l'ordre des idées n'empêche pas la soumission dans l'ordre des faits; de même que la révolte active n'est sans doute pas toujours inconciliable avec une mentalité servile.

Nietzsche enfant fit preuve d'une grande sensibilité. A peine âgé de dix ans, il pleura, raconte-t-on, à chaudes larmes à la nouvelle de la prise de Sébastopol, bouda des journées entières et ne se consola du désastre subi par ses amis les Russes qu'après avoir composé un poème en leur honneur. Il se montra également très précoce. A treize ans, il écrit sur le problème des origines de la douleur un grave essai où, ainsi qu'il nous l'apprend lui-même, il attribue à Dieu l'écrasante paternité du Mal dans le monde. Ayant achevé ses études universitaires, il est nommé professeur de philologie classique à Bâle. Un an plus tard, en 1870, lorsqu'éclata la guerre avec la France, il sollicite et obtient des autorités suisses la permission d'aller rejoindre, en qualité d'ambulancier, l'armée prussienne.

De retour à Bâle, il y occupe la même chaire dix ans de suite. Puis, profondément las du métier que sa santé toujours chancelante lui rendait pénible à l'excès, il quitte l'Université. Durant dix années encore, jusqu'en 1889, quand la folie incurable s'empara brusquement de son cerveau, il mène une vie libre et solitaire, assombrie et glacée d'une part par d'incessantes et cruelles tortures physiques, ensoleillée, réchauffée de l'autre par les joies créatrices de l'œuvre qui avançait à grands pas, qui s'annonçait de plus en plus belle et durable. C'est dans cette courte période décennale qu'il composa ses meilleurs ouvrages, une douzaine de volumes, mais tous précieux, écrits, il nous le déclare lui-même, avec le plus pur de son sang.

Nietzsche aimait les longues promenades dans les montagnes qui bordent la mer, là où les routes, dit-il, » deviennent pensives ». Il s'y abandonnait avec une joie d'enfant à ses rêves, à ses projets, à ses méditations. Ses principaux travaux, remarque à ce propos un critique, portent l'empreinte du *plein-air* qui les vit naître et qui les inondait de soleil, qui les emplissait de lumière. On aurait cependant tort de croire que Nietzsche fut un brillant et facile improvisateur. Personne, au contraire, du moins en Allemagne, ne se donna plus de peine pour acquérir ce qu'on a appelé l'écriture artiste. Il appartenait, sous ce rapport, à l'école de Flaubert. Dans ses livres, il mania d'une façon presque alerte et, en tous cas, peu commune le lourd outil de la langue philosophique allemande; il se créa un style à lui, imagé, expressif, entraînant, coloré et chaud. Il piqua au vif et fit saigner plus d'une fois l'amour-propre national. Marchant sur les traces des plus grands esprits de la vieille Allemagne, il critiqua d'une façon mordante les idées, les mœurs, certains traits du caractère de ses compatriotes, et jusqu'à cette profondeur germaine, « die deutsche Tiefe », qu'il assimile à une simple dyspepsie mentale, à une digestion embarrassée et difficile.

La phase ultime de sa vie — redevenue exclusivement physique — remplit derechef une période exacte de dix ans : c'est la démence absolue, une agonie lente, adoucie et peut-être prolongée par les soins affectueux de sa noble sœur et de sa mère qui, dit-on, recueillit à maintes reprises, sur les lèvres de son génial enfant, cette plainte déchirante et si horriblement tragique : « Mère, je suis bête (Mŭtter, ich bin dŭmm) ». Nietzsche, qui cessa d'écrire à quarante-cinq ans, ne cessa de vivre et de souffrir qu'à cinquante-cinq. Il mourut avec le siècle dont il demeurera l'une des figures les plus marquantes. Voici six lignes intitulées : « Ecce Homo » — Nietzsche faisait des vers comme Guyau — qui semblent être un portrait de l'auteur peint par lui-même :

« Ia, ich weiss woher ich stamme!
Ungesättigt gleich der Flamme,

Glühe und verzehr ich mich,
Licht wird Alles was ich fasse,
Kohle Alles, was ich lasse :
Flamme bin ich sicherlich! »

Je traduis littéralement : « Oui, je connais ma race! Insatiable comme le feu, je brûle, je me consume. Ce que je touche devient lumière, ce que je laisse — charbon. Sûrement, je suis une flamme! »

III

Nietzsche se considérait comme un penseur incompris non seulement des foules, mais encore des élites moyennes, qui déjà comptent par leur nombre. Son ouvrage le plus célèbre : *Ainsi parla Zarathustra*, devenu plus tard très populaire, porte ce sous-titre significatif : « Un livre pour chacun et pour personne ».

En réalité, l'œuvre de Nietzsche, à peine connue de quelques-uns, suscita vite dans le monde entier une sorte d'étonnement qui se changea bientôt en une vive admiration. Ce fut comme une traînée de poudre. Depuis Hegel, Schopenhauer, Darwin, Lasalle et, plus tard, Marx, pareil engouement ne s'était pas vu. Une gloire rapide et d'apparence robuste naquit de beaucoup de bruit. Nietzsche fit école, devint un des symboles vivants de son époque. Pendant que, séparé de ses fidèles et de l'univers par les affres insanes, il s'éteignait lentement dans la capitale de Gœthe, à Weimar, ses livres se traduisent dans toutes les langues, leurs éditions se suivent et les ouvrages consacrés à la critique et aux commentaires de ses œuvres se multiplient jusqu'au point de former une véritable bibliothèque.

Eh bien, malgré les éclats de ce triomphe, en dépit de cette brusque — et peut-être éphémère — popularité, je crois que Nietzsche avait raison de se défier de son futur public. Il me semble avoir été mû par un pressentiment juste lorsque, dans une lettre à Brandes, il exprima l'orgueilleux désir d'avoir deux lecteurs seulement, pas plus, mais des lecteurs que lui-même eût pu hautement estimer. Sa vraie pensée est à chaque instant trahie ou travestie soit par ses disciples, soit par ses adversaires. L'impression générale qu'il produit sur le public reflète ces variations en sens inverse. L'interprétation commune ou vulgaire donnée à son œuvre est probablement fort peu exacte; mais la critique ésotérique ne l'est guère davantage. Elle se plaît à faire défiler devant nos yeux des Nietzsche différents et souvent contradictoires. Ajoutons, pour être justes, que la pensée mobile de notre philosophe, toujours pleine de dramatiques contrastes, se prête, mieux encore que celle d'Hegel, à ce jeu d'ombres chinoises.

Dans son livre sur Wagner, Nietzsche nous décrit « cette pauvre jeunesse, pétrifiée dans une pose d'admiration, retenant son souffle ». — « Ce sont, dit-il, des wagnériens : ils ne comprennent pas un traître mot en musique, et pourtant Wagner règne sur leurs âmes ! » Cette boutade pourrait s'appliquer tout aussi bien aux plus zélés d'entre les disciples modernes de Nietzsche : combien parmi eux n'entendent rien à la philosophie, surtout à celle qu'enseigna leur maître préféré !

Un critique, qui passe pour compétent, nous assure

que Nietzsche « n'admet pas le contrôle de l'homme sur lui-même, qu'il laisse au « moi » de chacun toute latitude pour s'affirmer selon le mode aveugle des instincts de l'animal ». Et un autre, qui n'est pas le premier venu non plus, nous dit juste l'opposé, nous montre en Nietzsche le nouvel ascète prêchant cette contradiction de soi-même « qui remplit des réservoirs et des lacs d'énergie en endiguant l'exubérance des instincts les plus puissants », ou cette contrainte qui fixe pour tâche à la volonté « l'effort de s'élever sans cesse au-dessus d'elle-même, de réaliser le *surhumain* » (*note* 1).

Ceci n'est qu'un exemple pris entre cent autres. Par le fait, toutes les tendances fondamentales, tous les points cardinaux de la pensée de Nietzsche ont eu à subir, chez ses commentateurs, une déformation analogue. La faute en est imputable, en grande partie, je le répète, à Nietzsche lui-même. Entraîné par la fougue de son imagination, il laisse courir côte à côte toutes les idées, les grandes et les petites, les importantes et celles qui possèdent une valeur très relative. Il les pousse et les développe souvent avec la même vigueur, il se garde bien d'arrondir ou d'élimer leurs angles, il se fait une joie d'enfant de leur cliquetis, il se fie, pour le reste, à l'équité, à la logique, au bon sens du lecteur. Or ces qualités — les jugements contradictoires portés sur Nietzsche nous en fournissent une nouvelle preuve — sont plus rares qu'on ne le croit.

Vais-je donc, à mon tour, essayer de découvrir un Nietzsche ne ressemblant en rien à ceux déjà trouvés et décrits par tant d'auteurs? Pourquoi pas? Seulement, dans les chapitres qui suivent, j'éviterai de faire comme ce moine italien du moyen âge qui, prêchant sur une place de Florence et voyant la foule se presser autour de quelques baraques foraines voisines, s'efforçait de la retenir en brandissant un énorme crucifix et en criant à tue-tête : *Ecco il vero pulcinello*, voilà le vrai polichinelle ! Car je ne jurerais pas — j'en risque l'aveu public — que mon polichinelle fût le seul vrai.

IV

On a dit de la philosophie de Nietzsche, surtout de sa philosophie morale, qu'elle était une protestation de l'*Instinct* — et plus particulièrement de l'instinct de puissance ou de grandeur — contre la logique et sa vieille prépotence dans les affaires humaines. On a voulu y voir une sorte de révolte de la vie, du monde organique, contre la société, le monde surorganique. Et comme preuve à l'appui, on cite les traits acérés que Nietzsche décoche sur « l'esprit socratique », « l'esprit de lourdeur », sur tous les dogmatismes sociaux ou moraux.

Si tel avait été le cas, la pensée de Nietzsche aurait dû être condamnée comme quelque chose d'infiniment pauvre et médiocre. Mais le reproche n'est rien moins que fondé. Sans doute, c'est de la raison et des lois de la logique que se réclament toujours les pires dogmatismes. Mais la détestation de l'adversaire doit-elle s'étendre aux armes dont il fait usage, et faut-il, pour bien lui marquer notre mépris, aller à sa rencontre les mains ou plutôt — c'est le cas de le dire — la tête vides? La méthode serait pitoyable, et Tolstoï lui-même, je pense, ne manquerait pas de la réprouver. La force ne plie que devant la force, et la raison qui, d'ailleurs, n'est que l'expression suprême de la force, ne cède qu'à la raison. Opposer Kant, Comte, Mill, Spencer, les stricts et durs logiciens, à leurs prétendus frères ennemis, les Guyau, les Tolstoï, les Ibsen, les Nietzsche, est un pur enfantillage littéraire ou critique. Les seconds marchent au combat sous le drapeau déployé par les premiers, et quand la victoire leur sourit, c'est sous le même signe logique. A tous on pourrait plutôt reprocher de trop raisonner et de ne pas assez observer. Mais n'insistons pas.

La théorie « impérative » qui prétend soustraire l'idée de devoir au contrôle de l'expérience, apparaît aux yeux de Nietzsche comme un grossier et criant déni de logique. Ce que nous appelons notre « devoir » demeure, pour lui, un simple cas du jeu constant des énergies psycho-physiques individuelles en quête d'un équilibre social plus ou moins stable. « Nous voulons, dit-il dans son livre intitulé *Aurore*, rétablir notre autonomie en opposant à ce que d'autres firent pour nous, quelque chose que nous faisons pour eux. Car les autres ont empiété dans la sphère de notre pouvoir et y laisseraient la main d'une façon durable, si par le « devoir » nous n'usions de représailles, c'est-à-dire, si nous n'empiétions sur leur pouvoir à eux. » Voilà une explication qui, pour être incomplète, n'en possède pas moins une saveur rationaliste très accusée. Dans ce subtil calcul, ce n'est certes pas la raison qui subit la loi de l'instinct, c'est l'instinct qui obéit à la raison.

Nietzsche est un logicien. « Qu'ai-je affaire avec

les réfutations? » s'écrie-t-il d'un ton indigné dans la préface de sa *Généalogie de la morale*. On prit cette boutade à la lettre. On crut — et la plupart de bonne foi — que son œuvre était quelque chose comme une interjection pure, un long cri de douleur et de révolte, la plainte d'un noble esprit blessé par les dures réalités de la vie. Or, ses livres sont une incessante réfutation; et c'est jouer sur les mots que de les présenter comme une protestation. Il y a là une nuance entre la pensée et l'acte, entre la cause et le résultat, qu'il convient, croyons-nous, de soigneusement observer.

Nietzsche montre un penchant marqué pour les questions difficiles. Sans doute se croit-il de force à les résoudre. Il choisit ses adversaires. Il ne se commet pas avec le premier venu. Il formule ainsi les trois règles principales de l'implacable guerre de partisan qu'il ne cessa de faire aux doctrines officielles et aux philosophes renommés : « 1° Je n'attaque que les causes qui sont victorieuses, et j'attends parfois qu'elles le deviennent. 2° Je ne les attaque que lorsque je ne trouve pas d'alliés qui me secondent, lorsque je me sens isolé, lorsque je n'engage que ma propre responsabilité. 3° Je n'ai jamais fait un pas publiquement, je n'ai jamais entrepris une tâche qui ne m'ait aussitôt compromis. Tel est mon criterium de l'action juste. » Cette fière déclaration n'est pas une vantardise. Elle exprime un fait constant, elle pourrait servir de *motto* à chacun des livres de Nietzsche. Sous certains rapports, celui-ci se présente bien un peu comme le Don Quichotte de la pensée générale du siècle, et comme l'une des plus nobles figures, avec Descartes, avec Pascal, avec Spinoza, de l'épopée philosophique tout entière. Seulement, ce Don Quichotte ne prend pas, comme le héros de Cervantès, les servantes d'auberge pour des princesses, et les moulins qu'il attaque sont les citadelles authentiques de la sottise, de l'ignorance, de l'injustice des hommes.

Nietzsche le logicien se contredit souvent lui-même. Il lui arrive d'injurier les dieux qu'il avait adorés et de réinstaller dans le sanctuaire les idoles qu'il avait commencé par traiter avec le plus profond mépris. Il lui arrive d'être un observateur médiocre, d'abuser de l'abstraction ou des métaphores, de voiler, comme dit l'un de ses critiques, un raisonnement simple, à la Jean-Jacques Rousseau, par des obscurités d'Apocalypse. Tout cela est vrai. Mais où est le juste qui le premier l'accablera? Et la pensée multiforme et intense n'a-t-elle pas droit au même pardon que l'amour multiple et fort?

Du reste, Nietzsche est avant tout un grand remueur d'idées, un instigateur d'opinions neuves, de visions originales; et, sur ce point, j'accepte volontiers certaines thèses de M. Paulhan dont l'excellent petit livre intitulé la *Psychologie de l'invention* nous décrit les étapes variées et successives de la lutte intestine qui déchire l'esprit créateur et accompagne la moindre gestation du génie humain. Lisez, par exemple, les deux chapitres consacrés, l'un, au développement de l'invention par *déviation*, et l'autre, à l'*irrégularité* dans l'invention. L'auteur n'y prononce pas une seule fois le nom de Nietzsche, auquel sans doute il n'a jamais songé, et pourtant ces pages semblent avoir été écrites tout exprès pour nous faire comprendre l'intime nature du talent de ce philosophe.

J'emprunte ici, au travail de M. Paulhan, quelques remarques topiques. Elles m'éviteront un commentaire plus circonstancié sur les illogismes, apparents ou réels, qui se découvrent dans presque tous les écrits de Nietzsche.

Pour M. Paulhan, « les taches, les manques de logique qui déparent souvent les œuvres des esprits originaux, puissants et plus souvent encore peut-être celles des précurseurs », sont le produit nécessaire de la lutte intense qui s'engage dans leurs cerveaux entre l'idée, « l'invention nouvelle » et « les anciennes habitudes mentales » dues à l'éducation première, au milieu, à l'hérédité. — « Il est rare, dit-il, qu'un génie sache aller logiquement au bout de son invention et ne soit pas entraîné, d'une part, à outrer certaines idées personnelles, et de l'autre, à garder sur bien des points trop de restes du passé qui amènent ou constituent autant de déviations d'une œuvre... Le début des évolutions, l'état « primitif » est riche en déviations étranges dues à l'indépendance des éléments, à leur incohérence, au développement exagéré de l'un d'entre eux... Or, l'homme qui invente est toujours, à quelques égards, un primitif... Mais si l'esprit est souple et vigoureux, si la tendance directrice est subtile et exercée, la déviation devient elle-même une cause de fécondité, une sorte de procédé de développement conscient et voulu, une sorte de méthode... L'invention se développe alors non point par une chaîne de conséquences presque immédiatement tirées du fait qui leur sert de point de départ, mais par de singuliers enchevêtrements d'idées... L'invention sort à chaque instant de sa route régulière pour chercher fortune à droite et à gauche... Les idées fausses des esprits féconds et forts sont plus nombreuses et poussées plus loin que celles des esprits pauvres et sans vigueur, elles attirent parfois l'attention plus que leurs idées justes, et plus que les idées fausses des médiocres, et par suite apparaissent à tort comme des indices de désordre. Ajoutons qu'elles sont souvent mal comprises... De plus, une logique fort rigoureuse permet au savant ou au philosophe d'accueillir provisoirement certaines hypothèses sur lesquelles l'expérience seule peut prononcer, mais qui semblent folles parce qu'elles contrarient des opinions opposées facilement admises... Il n'est pas donné à tout le monde d'imaginer, ni surtout, peut-être, de vouloir réaliser ce que Darwin appelait ses *expériences d'imbécile.* »

M. Paulhan constate encore que l'apparition de l'idée nouvelle exige un fonctionnement à la fois logique et illogique de l'intelligence. « La logique, dit-il, y est essentielle, puisque l'invention est une systématisation. Mais à peu près fatalement, cette systématisation, à cause de son caractère de nouveauté (qui la distingue de l'instinct où tout est régulier), ne se fait pas sans trouble et sans désordre. Elle implique des dissociations, des ruptures d'habitudes, des conflits qui sont autant d'illogismes partiels, elle est due, pour une partie, à des hasards, à des rencontres imprévues et non systématisées d'impressions et d'idées. Prise en elle-même, la création intellectuelle est généralement, pour peu qu'elle soit importante, incomplète et quelque peu désharmonique.... Aussi très souvent une invention, bien qu'elle tende à unifier l'esprit, lui est, dans le présent, une occasion d'illogisme et d'erreur, et ce caractère sera d'autant plus marqué que l'invention sera plus une invention, que son importance et sa nouveauté seront plus considérables.... » Guyau, déjà, avait fait une observation semblable : « Il y a toujours, dit-il, dans l'héroïsme quelque naïveté simple et grandiose.... Les cœurs les plus aimants sont ceux qui sont le plus trompés, les génies les plus hauts sont ceux où l'on relève le plus d'incohérences » (2).

M. Paulhan conclut, non sans quelque mélancolie : « Je ne sais trop si l'on ne pourrait souvent mesurer la nouveauté et, pour ainsi dire, la valeur d'une invention au nombre d'erreurs et d'illogismes qu'elle inspire à son auteur.... Tout en faisant la part des équilibrés, ou plutôt des moins déséquilibrés, nous trouvons à la fois chez l'inventeur ces deux défauts contraires : excès de conservation, excès de nouveauté; ici l'invention est arrêtée trop tôt, là elle est poussée trop loin. »

Voilà une dissection du génie inventif dont celui de Nietzsche aurait pu, je le répète, avoir fait tous les frais. Excès de conservation, excès de nouveauté, le talent de Nietzsche tient tout entier dans cette brève formule, qui explique aussi les sentiments variés et parfois diamétralement opposés que ses œuvres inspirèrent au public. Et, à ce propos, citons une dernière remarque de M. Paulhan, dans laquelle, sans sortir du sujet général par lui envisagé, il nous donne une description exacte de ce qui advint à la pensée de Nietzsche lorsqu'elle se communiqua à un nombre considérable de cerveaux. « La déviation de l'idée, parfois utile, dit M. Paulhan, mais parfois aussi dangereuse, qui se réalise chez l'inventeur lui-même, est singulièrement aggravée par sa diffusion dans les masses, par sa réfraction à travers des esprits de densités diverses... On sait ce qu'un germe d'idée est capable de produire quand on l'a éprouvé avec des cerveaux d'ignorants ou des esprits bas ou vulgaires. Déjà l'homme instruit, intelligent, assez équilibré, devient un véritable primitif, sous l'influence de l'idée neuve qui s'est accrochée à lui, et que, faute de préparation, il ne peut convenablement traiter. Le mal s'aggrave par les déséquilibrés avides de nouveautés qui les défigurent et par les routiniers qui ne les altèrent pas moins pour les repousser que les autres pour se les rendre assimilables.... » (3)

On se tromperait donc beaucoup en voyant dans ce qui est arrivé à Nietzsche et à ses lecteurs un cas exceptionnel. Mais il faut bien admettre que c'est là un cas vraiment typique. Nietzsche, qui est l'un des penseurs les plus loyaux et les plus sincères que le monde connaisse, se rendait compte des hantises étranges qu'il subissait. Il sentait que, souvent, ses idées le possédaient beaucoup plus qu'il n'en était le maître. Il avoue s'être trop attardé dans cette phase critique de la pensée qu'il appelle son « existence catilinaire », un composé de haine, de vengeance, de révolte contre la chose qui existe, qui n'a plus besoin de devenir; et il cherche à pallier ses nombreuses variations (elles ne sont toutefois jamais des palinodies) en se comparant au serpent qui doit mourir s'il ne mue pas. De même, dit-il, les esprits qu'on force ou qui se forcent à ne pas changer d'opinions, cessent d'être des esprits. « Je sais bien, déclare-t-il encore avec une candeur touchante dans ses *Considérations inactuelles*, que mes écrits dénotent le dilettante et que ma pensée n'est pas mûre....

Plus tard, dans quelque cinq ans d'ici, je verrai à me débarrasser de toute polémique, et à entreprendre une œuvre vraiment bonne... » Mais l'immaturité des principales idées de Nietzsche est la fleur légère de l'invention, le duvet précieux qui accuse leur fraîche et ferme nouveauté ; et c'est un charme qui nous attire malgré nous, un élément de succès parmi les esprits sages et mûrs plus encore que parmi les jeunes et les insouciants. La logique, a-t-on dit, est l'honneur du philosophe. Mais l'honneur cesse de mériter son nom et devient un vaniteux et sot préjugé lorsqu'on le sépare de la simple honnêteté. Or celle-ci, chez un philosophe, comme on l'a également dit, consiste « à suivre l'esprit dans toutes les voies où il nous mène, fussent-elles les plus périlleuses, à ne tenir rien pour sacré auprès de la droiture de l'intelligence » (4). Nietzsche posséda cette qualité au plus haut degré.

V

Dans quelle mesure Nietzsche a-t-il été le produit et l'expression de son milieu et de son temps? On a voulu voir en lui le philosophe du nouvel Empire germain, de cette expansion soudaine de force matérielle comprimée et de vitalité latente cherchant une large issue. De même, a-t-on dit, que le pessimisme ironique de Schopenhauer trouva un bruyant écho en Allemagne et partout ailleurs en Europe, parce qu'il servit d'exutoire à la dépression morale qui s'était emparée des esprits à la suite des grandes espérances avortées de 1848, de même l'optimisme un peu outré, voulu, et matérialiste au fond, de Nietzsche, sa défense violente des droits supérieurs de la vie, la préséance qu'il semble vouloir accorder, sinon à l'instinct sur la raison, du moins à l'action sur la théorie pure, enfin son culte pour toutes les formes de la grandeur et de la puissance, tout cela ne fut que l'expression philosophique de la nouvelle mentalité allemande, lentement préparée par l'histoire totale du siècle et brusquement éclose après le coup de foudre de 1870.

Il y a lieu, je crois, d'élargir, d'amplifier ce jugement avant de reconnaître la part de vérité qu'il renferme. La philosophie de Nietzsche n'est pas le produit de la collaboration active de son tempérament mental avec celui du seul peuple allemand. Ses contemporains des autres pays de l'Europe ne sauraient, sans injustice, se voir exclus du partage. Dans la pensée et les œuvres de Nietzsche se reflètent, comme en un miroir, certains besoins intellectuels, certains sentiments moraux de notre époque tout entière.

Mais s'il en est ainsi, notre temps peut être rangé parmi les périodes les plus conscientes de l'histoire. Car Nietzsche s'élève avec une vivacité impérieuse, une pétulance qu'on a qualifiée de française, contre le mal qui ronge le siècle, qui mine la santé et diminue les forces des sociétés modernes. Il voit ce mal dans l'individualité affaiblie, l'esprit de troupe ou de caserne, la veulerie régnante, la lâcheté universelle devant la souffrance et même devant l'effort trop pénible. Il n'a pas assez de paroles de dédain pour l'animal domestiqué, la pièce de troupeau — *das zahme Hausthier, ein Stück Herdenvieh* — qu'est devenu l'homme à notre époque. Il éprouve à le contempler un haut-le-cœur, une sensation aiguë de malaise; des émanations pestilentielles, assure-t-il, se dégagent de cet entassement de médiocrités démocratiques; et il finit par se boucher le nez en criant : De l'air! de l'air!

Ce cri me semble très significatif. C'est la seconde fois, dans l'espace de cent ans à peine, qu'on l'entend s'exhaler avec cette vigueur. Après le plaidoyer retentissant et passionné de Rousseau pour la saine nature, les invectives de Nietzsche, son prêche virulent en faveur des coudées franches, du grand air pur et libre! Et chaque fois, une popularité considérable s'attache à la personne du prédicateur et récompense son initiative. C'est là, sans nul doute, un symptôme sérieux. Mais je n'en augure aucun mal pour l'avenir des sociétés européennes. Je pense, au contraire, que lorsqu'il se manifeste avec un peu de suite, ce signe marque un progrès, un pas en avant vers une socialité accrue ou plus intense. Dans l'engouement prolongé du public pour les déclamations de Jean-Jacques, dans la satisfaction et l'allégement visibles éprouvés par une foule de gens à la lecture des diatribes de Nietzsche, je ne vois qu'une protestation encore vague, mais qui se précisera tous les jours davantage, contre l'empirisme régnant en maître absolu dans les choses morales, dans les rapports sociaux. Or, l'empirisme — la place laissée libre aux rencontres ignorées et imprévues des événements — est sans doute plus proche de l'animalité primitive que la science qui élimine le hasard de tous les domaines de la pensée et de l'action.

Le *non-naturel* dans son acception littérale constitue une absurdité au moins aussi grande que le *surnaturel*. L'œuvre accomplie par la socialité et la mentalité humaines prolonge et achève l'œuvre commencée par la vitalité, comme celle-ci continue l'œuvre de la chimicité et ainsi de suite. Jamais rien ne se passe dans la société ou dans l'esprit à l'encontre des lois infrangibles de la société et de l'esprit. Et jamais non plus rien ne s'y passe à l'encontre des lois qui régissent les autres ordres de phénomènes. Cependant, nous employons couramment les mots de *hasard* et d'*artifice*. Ces termes servent à ménager notre amour-propre, ils nous permettent de poursuivre à tâtons notre marche dans la nuit qui nous entoure, ils jouent pour nous le rôle du bâton de l'aveugle guidant ses pas incertains sur une route mal explorée. Mais, dans ces conditions, dénoncer le caractère artificiel des règles et des mœurs régnantes, c'est, en quelque sorte, avouer déjà la pauvreté des moyens et des remèdes empiriques auxquels recourt notre ignorance en matière sociale. Un tel aveu n'est pas nécessairement le fait d'un esprit réfractaire aux idées et aux méthodes scientifiques. Les sociologues auraient donc tort de répudier cette sorte de solidarité avec Rousseau et avec Nietzsche. « Les philistins de la science », selon une expression de celui-ci, ne doivent pas nous en imposer par leurs ineptes déclamations sur le respect dû aux produits de l'histoire. Les folies et les sottises des hommes s'expliquent, en dernière analyse, par le jeu des forces qui suscitent leurs actes sensés et leurs décisions raisonnables. Et il en est ainsi dans toutes les catégories de faits étudiés par la science : le fonctionnement régulier et le détraquement de nos organes relève d'une série identique de lois vitales; la succession des saisons ou des heures est imputable à la répétition des mêmes faits astronomiques, etc. Or si l'on n'ose pas nous demander de préférer les ténèbres de la nuit à la lumière du jour, ou d'aimer la maladie à l'égal de la santé, pourquoi exigerait-on de nous un équilibre impossible, une indifférence stupide entre le bien et le mal, la vertu et le crime, la vérité et le mensonge, la sottise et la raison (5)?

VI

Nietzsche avait en horreur cette émotion perverse qui fleurit dans beaucoup d'âmes humaines et que les catéchismes moraux glorifient sous le nom d'humilité. Il éprouvait une profonde répugnance pour l'hypocrisie, la duplicité, le rabaissement de soi-même par la pensée, par le sentiment, par l'acte. Son esprit hautain ne tolérait les accommodements et les compromissions nulle part : ni dans la science, où le pharisaïsme s'était depuis longtemps bâti un nid chaud et douillet, ni dans la philosophie, où la restriction mentale et l'équivoque du verbe pénétrèrent par la voie scientifique, ni dans l'art qui devait fatalement refléter la double imposture de la connaissance et de la croyance, ni dans la vie et l'action journalières, où la triple félonie des savants, des philosophes et des esthètes introduisait autant de ferments de corruption et se transformait elle-même en sournoiserie, en oppression réciproque, en servilité quasi universelle. A cette montagne de mensonges accumulés par des siècles de vaines théories et de pratiques saugrenues, Nietzsche oppose ce qu'il juge être la vérité unique, la vérité qui ne se peut mettre au pluriel, car elle contient et résume nécessairement toutes les autres. Il y voit le seul moyen qui s'offre aux hommes pour sortir de l'accul social où les poussa leur vaniteuse sottise, le remède suprême aux maux variés qui les accablent.

Certes, les hommes connaissent depuis longtemps cette vérité universelle. Elle les a maintes fois aveuglés par son éclat, si dur que les vues affaiblies ne le peuvent supporter. Les hommes, à vrai dire, ne l'ont jamais complètement oubliée. Mais ils lui ont appliqué un autre nom, ils l'ont sévèrement distinguée des vérités les plus générales dans les sciences mathématiques, physico-chimiques, biologiques et même dans les sciences sociales. Ils l'ont rangée sous une étiquette particulière, dans une catégorie distincte de concepts abstraits, où ils lui donnèrent et continuent à lui donner le nom de *liberté*.

Nietzsche, à mon avis, saisit mieux que beaucoup d'autres penseurs contemporains le sens profond de l'idée de liberté et la vraie nature de la longue suite de phénomènes que ce mot sert à désigner. Je ne parle pas de la dure façon dont il exécuta ce vieux spectre métaphysique, le libre arbitre, concept qui n'avait plus qu'un souffle de vie, lorsque Nietzsche vint lui donner, par pure charité peut-être, le coup de grâce. Mais, par toute son activité de penseur et d'écrivain, le déterministe convaincu qu'était Nietzsche soulève et pose, en outre, un problème différent qui offre, surtout à notre époque, une importance sans égale : la question des rapports qui existent entre la science et la liberté.

En effet, plus on cherche à comprendre la pensée

intime de Nietzsche, telle qu'on la trouve exprimée soit dans sa théorie de la connaissance, soit dans son éthique, et plus on s'assure que sa philosophie tout entière semble avoir pour but principal de faire passer au premier plan, de mettre en relief une question des plus troublantes et qui, jugée par les critères habituels, doit même paraître étrange. Cette question se formule ainsi : la liberté absolue, sans bornes ni frein d'aucune sorte, ne remplace-t-elle pas avec avantage le savoir humain, toujours relatif et strictement limité? Et cette substitution ou subrogation ne constitue-t-elle pas la fin mystérieuse et ultime inconsciemment poursuivie par l'évolution intellectuelle et le perfectionnement moral de l'humanité?

Dévoilée par la pensée scrutatrice de Nietzsche, l'antinomie entre le savoir et la liberté offre, ce me semble, un intérêt des plus vifs aux yeux du philosophe. Cette opposition possède une valeur gnoséologique incontestable. Les *antinomies* jouent dans le développement et les progrès de la pensée philosophique un rôle en tous points pareil à celui que les *hypothèses* jouent dans le développement et les progrès des sciences. S'il appartient au savant de *vérifier*, par tous les moyens possibles, les hypothèses qui naissent et se forment dans son domaine spécial, il appartient au philosophe de lever, de *résoudre*, à tout prix, les antinomies qui surgissent et tendent à se perpétuer dans le domaine de la pensée générale. L'hypothèse vérifiée cesse d'être une hypothèse, un obstacle qui arrête la marche du savant; et l'antinomie résolue cesse d'être une antinomie, un obstacle qui barre la route au philosophe.

Par malheur, la philosophie de Nietzsche ne va pas

au-delà d'un contraste, en somme, fort vague, entre les concepts de liberté illimitée et de savoir relatif. Elle n'approfondit pas le problème que ses propres recherches critiques l'amenèrent à poser. Telle une mouche prise dans la toile d'une gigantesque araignée, la pensée inquiète de Nietzsche s'est longtemps débattue parmi les sophismes subtils que Kant avait réunis dans sa *Critique de la raison pure*. Elle déchira en maint endroit, elle cribla de trous le filet meurtrier. Mais elle ne put s'en tirer une bonne fois pour toutes. Nietzsche reste encore, sur une foule de points, le prisonnier des théories kantiennes de la connaissance.

Et pourtant, ou je me trompe fort, ou l'antinomie entre la liberté et la science doit pouvoir être résolue comme le furent toutes celles qui l'ont précédée, comme l'opposition du sujet à l'objet, du noumène au phénomène, de l'infini au fini, de l'univers à Dieu : au moyen, avec l'aide de la loi logique de l'identité des contraires surabstraits, des grands concepts génériques de l'esprit humain. Cette loi forme l'une des principales pierres d'assise qui soutiennent l'édifice du néo-positivisme, de la philosophie connue encore sous le nom de monisme logique.

Si l'on adopte le point de vue très élevé des adhérents de la nouvelle doctrine, il ne saurait plus être question, ni de suppléer le savoir par la liberté, ni, vice versa, de remplacer la liberté par le savoir; et cela, pour la raison très simple que ces deux notions n'en font qu'une, aux yeux du néo-positiviste. Il n'y a là, pour lui, que deux idées équivalentes, deux synonymes parfaits embrassant et signifiant la même somme de phénomènes.

Mais ce n'est pas tout. Même après avoir descendu les divers degrés de l'échelle idéale qui des plus hautes *abstractions* conduit à la réalité *concrète*, notre pensée se refuse obstinément à reconnaître, entre l'idée de science et l'idée de liberté, une autre relation quelconque sauf celle qui relie, d'une façon manifeste et nécessaire, la cause à son effet. Or, il est à peine besoin de le dire, l'identité essentielle de la cause et de l'effet s'envisage déjà, par la plupart des logiciens et des philosophes modernes, comme une vérité appartenant à l'ordre axiomatique.

Qu'est-ce que la liberté pour le déterministe convaincu? Pas autre chose, assurément, que la force, le pouvoir exercés par l'esprit de l'homme soit sur la nature extérieure, soit sur lui-même, soit sur les esprits congénères en contact permanent avec lui. Et qu'est-ce que la connaissance qui, sous son aspect le plus général, sous sa forme scientifique, se conçoit comme un déterminisme rigoureux? N'est-elle pas la source directe, la cause originelle d'où découle toute force et toute puissance? Or donc, s'il en est ainsi, le savoir et la liberté apparaissent comme deux brèves phases ou deux moments qui se touchent et se suivent d'une manière immédiate dans l'évolution d'un seul et même fait social. Aristote et ses commentateurs scolastiques auraient pu définir le savoir comme la liberté *in potentia*, et la liberté — comme le savoir *in actu*. Le dualisme, ce dernier rempart de la pensée religieuse et de la philosophie agnostique, doit tomber en sociologie, comme il s'est déjà effondré en biologie, où, par exemple, la thèse naïve enseignant que l'âme se sépare de l'ensemble des fonctions cérébrales, qu'elle habite le corps comme nous faisons d'un logis, a manifestement perdu son vieux prestige et son ancienne popularité.

L'histoire de l'humanité confirme notre thèse dans ses moindres détails. Elle prouve de la manière la plus concluante, par des millions d'exemples éclatants, que l'ignorance a toujours fatalement revêtu, dans les sociétés humaines, cette forme de faiblesse et de lâcheté qui s'appelle l'oppression, le despotisme; et que, par contre, toute augmentation du savoir a infailliblement entraîné avec soi, dans les mêmes groupes sociaux, un accroissement correspondant de la force ou de la puissance qui porte le nom de liberté. Mais les faits historiques établissent d'une façon non moins prégnante et péremptoire la réalité du courant contraire : l'esprit de servitude paralysant partout l'essor de la libre recherche, entravant toujours la marche conquérante de la raison, condamnant les hommes au croupissement dans la plus abjecte ignorance; et la liberté, principalement sous sa forme générale et élémentaire connue sous le nom de liberté publique, aboutissant à la floraison, au progrès rapide dans toutes les branches de la science. A cet égard, Nietzsche n'avait certes pas tort lorsqu'il affirmait que tout savant, grand ou petit, célèbre ou obscur, cachait inévitablement un révolutionnaire de l'espèce la plus dangereuse. Oui, sans doute; mais à un autre point de vue il n'est pas moins légitime de prétendre que tout révolutionnaire, s'il réussit à accroître, ne fût-ce que d'une parcelle infinitésimale, la somme de liberté qui existe dans le monde, apparaît déjà, par la seule nature des choses, comme un ouvrier et un constructeur de l'édifice scientifique.

VII

On a chaudement disputé à Nietzsche le titre de philosophe. On a prétendu que son esprit chaotique était rebelle à toute vraie systématisation, à toute recherche de l'unité, à toute synthèse. Je ne m'attarderai pas à réfuter cette opinion injuste et préconçue qui s'appuie sur un idéal singulièrement étroit de la fonction philosophique. Nietzsche est tellement un philosophe qu'à un certain point de vue on peut dire de son œuvre qu'elle s'offre comme l'antithèse vivante de celle du savant. Mais il est philosophe selon l'ancienne signification du mot, alors que la philosophie ne se séparait pas de la science, immobilisée dans sa phase inchoative et empirique, et de l'art qu'elle-même inspirait et dirigeait. Avec d'autres écrivains modernes, avec Renan, avec Guyau, par exemple, Nietzsche admet, à son tour, le vieux dogme de la supériorité de la sagesse sur le savoir, de « la Sagesse, dit-il, qui, sans se laisser abuser par les mirages trompeurs des sciences, fixe son regard sur l'image totale du monde ». L'éthique, plus particulièrement, se confond à ses yeux avec la philosophie à laquelle incombe la tâche difficile d'examiner, de trier avec soin les principales valeurs sociales et morales, afin de fixer le rang qui leur appartient dans la hiérarchie universelle des choses.

A cet égard, Nietzsche reflète et résume l'état d'âme d'une foule de contemporains. Il est saisi par la même inquiétude quant aux résultats possibles du savoir humain à la fois matériellement accru et jugé insuffisant, puisqu'il ne calme pas l'ardeur de connaître, puisqu'il souffle, au contraire, sur cette flamme dévorante et permet à l'éternel besoin philosophique d'assumer encore une fois sa vieille forme religieuse. La philosophie, selon Nietzsche, a pour mission de créer ce qu'on appelle la culture. Elle est à la fois le juge de la vie et son réformateur. Le problème philosophique se réduit, en dernière analyse, à la poursuite d'un seul but : s'assurer du degré d'immutabilité ou de mutabilité qui appartient aux diverses catégories de choses, afin de pouvoir, en s'appuyant sur cette base, procéder à l'amélioration de la partie inconstante ou modifiable de l'existence.

Les vrais philosophes, déclare Nietzsche, sont des maîtres et des législateurs. Ils disent : Ainsi sera-t-il ! Ils déterminent d'avance les chemins où devra s'engager l'humanité, et les raisons qui l'empêcheront de choisir d'autres routes. Leurs connaissances sont une « création », leur création est une « législation », leur passion de vérité est une « volonté de puissance ». La philosophie construit l'univers à son image. Elle est une « tyrannie », une soif inassouvie de pouvoir, une tentative de créer à nouveau le monde en découvrant sa cause première. Le philosophe est « l'homme nécessaire du lendemain et du surlendemain »; par contre, « l'idéal d'aujourd'hui » — voilà l'ennemi qu'il doit toujours combattre. Jusqu'à présent, dit encore Nietzsche, tous ces protecteurs extraordinaires de l'homme qu'on appelle des philosophes, se sont fait une stricte obligation d'être une sorte de « conscience impure » de leur époque. Le secret de leur force consista toujours à imaginer une « nouvelle grandeur » de l'homme et à chercher la voie inconnue qui y conduit. Le philosophe reste, par suite, sous le coup d'une « terrible responsabilité »; sa conscience doit pouvoir soulever, sans plier sous la charge, le lourd fardeau du développement général de l'humanité. Seuls, les esprits puissants et suffisamment éclairés osent aborder la tâche superbe et difficile qui consiste à opposer aux vieilles lois et aux anciennes valeurs morales des lois et des valeurs nouvelles. Les philosophes donc sont des hommes qui vivent exclusivement pour l'avenir, des violateurs de sépulcres, des contempteurs de la volonté des ancêtres et des siècles morts, des assassins du passé, des « tentateurs » des générations présentes, des « Césars » et des « despotes » du progrès (6)!

Il y a, dans ces idées de Nietzsche sur le rôle de la philosophie et des philosophes, une petite part de vérité à côté d'une grosse part d'erreur. Celle-ci consiste à ne pas vouloir admettre que la souveraineté réelle appartient, en dernière instance, à la science seule. Le savoir humain créa, à son image, les religions et les philosophies qui, ensuite, régnèrent sur le monde. Mais leur puissance la plus absolue ne fut jamais qu'un pouvoir par procuration ou délégation. Ces affreux tyrans — qui quelquefois étaient de simples tyranneaux — avaient un maître qui volontiers restait dans la coulisse, n'aimant pas à parader aux yeux du populaire, mais qui néanmoins disposait de leur sort, tantôt leur donnant et tantôt leur ôtant l'investiture. Sous cette réserve — qui est essentielle — Nietzsche ne me semble pas avoir trop noirci son portrait du philosophe. Le caractère dominateur de toute croyance générale — religion ou philosophie, — sa tendance à despotiquement régner sur les esprits des hommes, est un fait incontestable. Si la science gouverne la philosophie, la philosophie qui, d'ailleurs, partage ce pouvoir avec l'art qu'elle suscite et nourrit de sa moelle, la philosophie gouverne le monde. Le vrai serviteur et quelquefois l'esclave, malgré qu'il se proclame le maître, c'est toujours l'homme d'action.

D'autre part, Nietzsche qui ici se rapproche encore une fois de Guyau et sans doute aussi de Renan, de Carlyle, de Ruskine, de Tolstoï, de Flaubert et même d'Ibsen, est un véritable poète, un artiste de race. Il prise par-dessus tout les formes concrètes de la vie et il acclame avec joie tout ce qui ajoute à sa beauté, tout ce qui la rend plus intense. « S'il m'est démontré, s'écrie-t-il dans une page fameuse, que l'erreur et l'illusion peuvent servir au développement de la vie, je dirai « oui » à l'erreur et à l'illusion. S'il m'est démontré que les instincts qualifiés de « mauvais » par la morale actuelle — par exemple, la dureté, la cruauté, la ruse, l'audace téméraire, l'humeur batailleuse — sont de nature à augmenter la vitalité de l'homme, je dirai « oui » au mal et au péché. S'il m'est démontré que la souffrance concourt aussi bien que le plaisir à l'éducation du genre humain, je dirai « oui » à la souffrance. Au contraire, je dirai « non » à tout ce qui diminue la vitalité de la plante humaine. Et si je découvre que la vérité, la vertu, le bien, en un mot toutes les valeurs révérées et respectées jusqu'à présent par les hommes, sont nuisibles à la vie, je dirai « non » à la science et à la morale. »

Pas n'est besoin d'insister sur la contradiction béante, pour ainsi dire, qui éclate à chaque ligne de cet énergique passage. En subordonnant ses affirmations et ses dénégations à l'unique condition : *s'il m'est démontré*, Nietzsche affirme et nie d'une haleine la primauté du savoir. L'illogisme saute aux yeux.

Nietzsche resta toujours l'ennemi des systèmes. Se sentait-il incapable de jeter les bases d'une construction synthétique telle qu'il devait la rêver, glorieusement belle et forte, magnifique et grandiose? Peut-être. Un très petit nombre d'idées forme le noyau autour duquel viennent se grouper les divers éléments constitutifs de ce qu'on nomme un système philosophique. Et ce qu'on prise le plus dans de telles constructions, leur unité et l'harmonieuse convergence de toutes leurs parties, semble être en raison inverse de la complexité de ce cœur central. Une ou deux idées directrices, pourvu qu'elles soient de taille, suffisent le plus souvent à assurer la gloire, à faire la fortune d'une philosophie. Tout dépend des dimensions, pour ainsi dire, en largeur, en hauteur, en profondeur, des idées maîtresses. Or, le cerveau de Nietzsche, toujours en ébullition, inventif à l'excès, fertile en développements de toutes sortes, extraordinairement riche en idées de détail, paraît avoir été plutôt réfractaire aux hantises de la conception prépondérante ou unique. Une seule fois, une de ces grandes idées fixes qui décident du sort d'un système, effleura de son aile puissante l'esprit de notre philosophe. La thèse foncièrement moniste du *Retour éternel des choses* traversa un instant, comme une lueur subite, sa pensée flottante. Cette idée, qui a une longue histoire, qui illumina plus d'un profond cerveau avant d'apparaître à celui de Nietzsche ainsi qu'un redoutable paradoxe, un terrible mystère dont la pleine révélation devait frapper de stupeur l'humanité et changer son destin, cette idée, d'où pouvait jaillir une grande doctrine systématique, resta chez Nietzsche à l'état de germe vague et obscur. En dépit de quelques velléités et de quelques préparatifs dans ce sens, il ne devint pas le grand prophète du « Retour éternel ». Les motifs par lesquels lui-même explique cet échec nous importent peu : il demeure toujours acquis que son superbe talent se montra jusqu'à la fin rebelle à l'unité de direction dont d'autres penseurs s'accommodèrent, et même facilement.

Mais si l'on ne peut comprendre Nietzsche dans l'auguste lignée des philosophes dont la sérénité olympienne tient à la hauteur des cimes où fréquente leur pensée, quelle place lui donnera-t-on parmi les sages de tous les siècles? Je laisse aux critiques professionnels le soin de décider ce point. Je pense avoir, personnellement, le droit de décliner le périlleux honneur d'une telle tâche. En effet, si certaines tendances générales et la partie critique de l'œuvre de Nietzsche viennent parfois prêter appui à quelques-unes de mes conceptions favorites, la presque totalité de ses vues positives et la plupart de ses théories heurtent d'une façon directe les thèses cardinales de mon propre enseignement philosophique. Je puis donc craindre, si je ne lui assigne qu'un rang secondaire parmi les philosophes, de commettre involontairement, à son égard, une véritable injustice. Qu'il me suffise, par suite, de déclarer — car je le crois très sincèrement — que Nietzsche est l'un des plus nobles et des plus sympathiques penseurs de notre époque. Il nous attire par les nombreuses vérités de détail qu'il découvre et qu'il revêt d'images splendides, et il nous charme presque autant par ses erreurs et ses contradictions qui sont singulièrement suggestives, qui toujours nous frappent comme la confession loyale d'une conscience, jamais comme la parade satisfaite d'une vaniteuse ambition (7).

Du reste si, sans se préoccuper de classer Nietzsche parmi ses pairs, on voulait néanmoins faire ressortir le trait le plus caractéristique de sa philosophie, ou formuler la règle générale à laquelle sa pensée chatoyante — des plus beaux reflets du prisme intellectuel — semble spontanément se soumettre, on devrait, croyons-nous, présenter Nietzsche comme le philosophe de la contrariété immanente, pour ainsi dire, de l'antithèse fièrement campée en face de la thèse et n'aboutissant qu'à de rares intervalles et presque par hasard à l'union des contraires, à la synthèse, au monisme logique. Tout schématisme conceptuel apparaît à Nietzsche comme une habileté de l'esprit qui dénonce, précisément parce qu'elle cherche à la cacher, sa faiblesse ou sa lâcheté. Par suite, chez lui, le processus logique de l'identification des contraires surabstraits ne se développe jamais jusqu'au bout. De là vient, peut-être, ce caractère d'immaturité et de jeune pétulance qui distingue sa philosophie et que remarquèrent déjà quelques bons observateurs. Par suite aussi, son monisme reste rudimentaire ; il ne s'élève jamais bien haut ; il a les ailes coupées, comme celui de Comte ; il est de la même qualité inférieure, il pactise encore avec le vieil anthropomorphisme, il est *humain, trop humain*.....

Nietzsche ne cherche pas à identifier d'une façon formelle ou logique les quelques abstractions ultimes qui, chez lui, comme chez tous les philosophes, représentent la variété infinie des phénomènes sensibles. Il se plaît, au contraire, à contraster violemment entre eux de tels concepts, il les lance avec fracas les uns contre les autres. Cependant, de ce heurt, de ce choc jaillissent, non pas la contradiction et la diversité acerbes — à quoi s'attendent toujours les esprits médiocres, — mais l'harmonie et l'unité. L'opposition n'est-elle pas, en définitive, un simple mode ou une forme de la comparaison ?

Quoi qu'il en soit, au rebours de la plupart des grands logiciens, Nietzsche n'aborde pas la tâche qui a pour but de saisir, au milieu de la diversité variable des choses, l'unité foncière des aboutissements suprêmes de la pensée. Il semble dédaigner ce qu'il considère — sans doute à tort — comme un simple jeu dialectique de l'esprit. Mais ici, comme partout ailleurs, l'esprit prend sa juste revanche, et, à défaut du philosophe, c'est sa philosophie qui va se charger du soin de concilier les antinomies, de lever les contradictions.

Presque toutes les vues théoriques de Nietzsche nous apportent cette surprise : elles se résolvent finalement en leurs contraires, elles contribuent au triomphe des idées et des thèses qui, à la première impression, semblaient devoir les exclure.

Nietzsche, qui recommande la dureté envers soi-même et les autres, qui fulmine contre la pitié, la charité, les formes basses et vulgaires de l'amour du prochain, se révèle, en fin de compte, comme l'altruiste le plus ardent de toute notre époque. Ce qui, dans son cas, a fait illusion, ce qui a pu le faire prendre pour un égotiste intransigeant, c'est que son altruisme monte déjà au-dessus du niveau ordinaire atteint par la morale antique, réaffirmé avec tant d'éclat par la morale chrétienne, c'est qu'il transgresse la ligne où s'arrête de nos jours, un peu confuse et désorientée, la morale laïque ou incrédule des soi-disant libres penseurs. « Tant que, dit Nietzsche dans *Par delà le Bien et le Mal*, l'utilité dominante dans les appréciations de valeur morale est seule l'utilité de troupeau, tant que le regard est uniquement tourné vers le maintien de la communauté, que l'immoralité est exactement, exclusivement cherchée dans ce qui paraît dangereux à l'existence de la communauté, il ne pourra pas y avoir de *morale altruiste*. » — « L'État, avait déjà dit Schopenhauer, est le chef-d'œuvre de l'égoïsme humain. » Mais l'État n'est point qu'un corps inerte, il a une âme que nos contemporains ne se fatiguent pas de porter aux nues sous le nom de *solidarité*. Or, celle-ci est, pour Nietzsche, le vieux lien social, tissu surtout par l'intérêt personnel, par la crainte des représailles d'autrui. Il n'est pas éloigné d'y voir un principe de servitude. Et son altruisme, à lui, tend déjà à dépasser la seule solidarité sociale, le simple égoïsme communautaire.

D'autre part, Nietzsche, ce fougueux pessimiste qui maudit la conscience du mal universel bien plus encore que le mal en soi, ne se découvre-t-il point par ailleurs comme l'optimiste le plus convaincu, un amoureux passionné de la vie quand même? Il n'hésite pas une seule minute à mettre dans la bouche de l'homme le plus hideux et le plus infortuné parlant à la mort cette apostrophe mémorable : « Est-ce la vie? Alors, encore une fois! »

Enfin cet autoritaire, cet inventeur du « pathos de la distance », ce contempteur du vil troupeau humain, ce critique sévère des socialistes et des anarchistes militants est, au fond, tout bien considéré, un révolutionnaire et un démocrate de haute race, un libérateur des foules misérables. Ses adversaires ne s'y trompent point : ne l'accusent-ils pas, tantôt d'avoir « emprunté aux doctrines anarchistes la base même de sa philosophie », et tantôt d'avoir « fourni aux nihilistes russes comme aux anarchistes belges, italiens, espagnols, français, anglais et américains, le meilleur argument à opposer à l'inertie gouvernementale dont ils se plaignent : celui de la force »? (8)

Ce que Nietzsche attend, ce qu'il exige, au besoin, de l'avenir avec la fougue qui le caractérise, c'est l'élévation de chacun et de tous, c'est l'*aristocratisation* de la *foule*. La contradiction apparente qui semble exister entre ces termes, ne l'impressionne pas outre mesure. Son précurseur direct, Carlyle, était déjà du même avis. Ne dit-il pas quelque part : « Je vois se préparer le plus béni des résultats : non

pas l'abolition du culte des héros, mais l'avénement de tout un monde de héros. Car si héros signifie homme sincère, pourquoi chacun de nous ne peut-il être un héros ? » Chacun de nous peut également devenir un aristocrate et un maître. Il ne s'agit pas, bien entendu, de la royauté fainéante du suffrage universel. Aujourd'hui, la prééminence appartient à quiconque sort d'une classe sociale jugée inférieure pour entrer dans une classe estimée supérieure. Mais abolissez la classe, ou plutôt extirpez l'esprit de classe qui est la forme historique de l'esprit de servitude, et vous instituez du même coup la maîtrise universelle. Nietzsche tenant aux foules humaines ce langage : « Nicht nur fort sollt Ihr euch pflanzen, sondern hinauf ! — Ne songez pas seulement à vous étendre, mais à vous élever », ce Nietzsche ne fut pas l'antidémocrate et l'antisocialiste qu'on nous dépeint d'habitude. S'il a été l'ennemi du peuple, ce fut à la façon du héros du célèbre drame d'Ibsen. Mais son socialisme ressemble beaucoup à son altruisme : tous deux dépassent le niveau établi par l'histoire, par le pays des ancêtres, par la silencieuse patrie des morts, tous deux sont déjà tournés vers le vaste *pays des enfants*, comme Nietzsche appelle, d'une façon exquise, l'avenir inconnu.

Le même fait se reproduit dans les sphères pures de l'idée, dans la théorie nietzschéenne de la connaissance, par exemple. Nietzsche y est visiblement « agnosticiste » par dépit de ne pouvoir être aussi « gnosticiste » qu'il l'eût désiré ; et ces deux tendances se combattent chez lui d'une façon permanente. Il est illusionniste, par excès de réalisme. Outrancier, nerveux, brise-obstacle et quelquefois brise-raison, son amour pour la vérité le conduit à la célèbre théorie du non-vrai comme condition de vie; et la même passion lui inspire ses attaques contre la science inadéquate à sa grande tâche et si souvent infidèle à cette noble maxime qui fut la règle de sa propre conduite : « Il ne faut jamais se demander si une vérité est utile, si elle peut devenir pour quelqu'un une destinée » (9). Il y a, cachée sous les blasphèmes de Nietzsche, une faim inassouvie de certitude; on s'en rend facilement compte en comparant les plus féroces sorties contre la science de ce penseur libre de tout préjugé théologique aux froides dissertations sur le même sujet d'un esprit comme celui de M. Brunetière, par exemple, qui de son plein gré tendit le dos à l'ancien bât religieux.

Enfin, les mêmes remarques s'appliquent à ce qu'on a appelé le nihilisme moral de Nietzsche. La foule des esprits médiocres et des consciences apeurées ne lui pardonne pas son attitude irrespectueuse vis-à-vis des textes et des prétextes, des grandes règles d'or et des idoles adulées de la morale courante. Or, loin d'être un indice d'indifférence en matière morale, les négations de Nietzsche témoignent d'un désir brûlant de moralité supérieure. Personne, sauf peut-être Spinoza — mais Spinoza demeure extérieurement calme et objectif, — n'aima le Bien avec cette véhémence et ne détesta le Mal aussi fougueusement. Il lui arrive, il est vrai, de glorifier, en termes magnifiques, les vaniteux et les méchants; mais, loin d'y être poussé par la froide considération de l'intérêt du spectateur curieux, de l'amateur des drames corsés de la vie, comme l'ont cru et dit ses disciples trompés par son ironie transcendante, il le fait parce qu'il attend (et avec combien de raison!) du mal immédiat que produira parmi les hommes l'action vaniteuse et méchante, la germination d'un Bien nouveau, inconnu, de beaucoup supérieur au Bien actuel.

Ses nombreuses et spirituelles sorties sur l'égalité et la justice offrent un caractère analogue. Leur vrai sens se dévoile quand on les confronte aux attaques modernes contre les trois bêtes noires de l'Apocalypse anarchiste : la famille, la propriété et l'État. Car on peut penser ce qu'on veut sur la nécessité de ces institutious, hier encore divines, aujourd'hui humaines, il est certain que leur sort futur dépend entièrement des modifications qu'on aura le ferme courage et la volonté éclairée de leur faire subir. Si on veut vraiment que demain ne les voie pas descendre d'un nouveau degré dans l'échelle des valeurs morales, si on veut qu'elles ne deviennent pas *sous-humaines* au sens direct de ce mot, il faudra bien faire en sorte que la famille cesse enfin, et pour tout de bon, d'être une servitude et une prostitution légales, la propriété — un accaparement dolosif et un vol, et l'État — la domination exclusive, et préjudiciable à l'intérêt de tous, d'une classe unique de citoyens : *Quid civitatis remota justitia, nisi magna latrocinia*, une énorme caverne de brigands, ainsi que l'enseignait déjà saint Augustin!

VIII

Un demi-siècle à peu près avant la publication des travaux de Nietzsche, un autre noble esprit, Gaspard Schmidt, plus connu sous le nom pseudonymique de Max Stirner, avait déjà, dans un isolement, une solitude complète, poussé le même strident cri d'alarme. Quatre ans avant la secousse prémonitoire de février 1848, un petit volume portant ce titre : *L'Unique et sa propriété*, fut jeté en pâture à l'indifférence du monde, à l'incompréhension générale. Parmi le petit nombre de ceux qui le lurent, personne, pas même Feuerbach qui y était nominativement attaqué, ne démêla bien ni la vraie pensée, ni les généreuses intentions de l'auteur. Les plus bienveillants le traitèrent de fou. Il mourut quelques années plus tard à Berlin, dans l'oubli et la misère.

Nietzsche ne semble avoir jamais entendu le nom de Stirner; c'est là un fait d'autant plus digne d'être noté que, malgré les nombreuses et importantes différences d'opinions qui séparent les deux moralistes, et l'incontestable supériorité du dernier venu, un même élan hardi et lumineux les porte à devancer leur époque, un même grand souffle d'humanité future les inspire. Dans l'évolution générale des idées, l'œuvre de Stirner représente l'embryon encore informe, et celle de Nietzsche, le germe venu à terme, complètement et superbement éclos.

« Rien n'est vrai, tout est permis », paroles fatidiques échappant aux lèvres de Nietzsche après avoir hanté le cerveau de Stirner qui ne les prononce pas encore! Et paroles qui résument, à elles seules, la pensée profonde de ces deux esprits de même race, et tout l'effort pénible que sa gestation et son expression coûtèrent à l'un d'eux!

Rien n'est vrai, tout est permis, double solution de l'énigme rationnelle et de l'énigme morale, double affirmation, tranchante comme le fil d'un couteau bien aiguisé! Mais n'est-ce pas là, aux mains de l'inconsciente folie, l'instrument qui va servir à assassiner la logique, à égorger la morale? Et comment ferons-nous ensuite pour vivre sans ces deux grandes choses, sans la croyance à la vérité et sans l'illusion de la justice? Cette perspective pouvait glacer d'effroi les âmes les plus courageuses. Mais la peur est une conseillère détestable. Elle paralyse nos facultés discriminatives, elle fausse notre jugement, elle réveille en nous l'animal primitif et ses féroces instincts de conservation à tout prix. Écoutez les clameurs de haro qui saluent Nietzsche du titre d'Antechrist et qui dénoncent sa brève et incisive formule libératrice comme le grand cri de triomphe de la pure démence, sinon de l'immoralité sans bornes! Or, loin d'outrager la logique, cette formule se présente comme la revendication suprême des droits de la raison, comme la condition nécessaire de son usage le plus parfait; et loin d'abolir la morale, elle concourt à l'instituer, à l'établir sur une base scientifique.

L'humanité ressemble à ces personnes moyennes et sages qui voient d'un mauvais œil tout ce qui peut troubler leur repos et déranger leurs habitudes, tout ce qui menace de changer le cours accoutumé de leurs pensées banales, de leurs sentiments étroits. Les plus grands parmi les philosophes en firent, à leurs dépens, la triste expérience. Ce n'est point faute de bonne volonté que les contemporains du très prudent Descartes, du doux et patient Spinoza ne les accusèrent pas d'avoir été les pères spirituels des pires doctrines anarchistes. Mais les éloges que ces deux penseurs ont récoltés, de leur vivant, l'un pour ses théories mécanistes et son apologie du doute universel, l'autre, pour sa construction géométrique de la morale, ne furent jamais bien excessifs. Aujourd'hui on leur tresse de fastueuses couronnes. La même aventure, soyons-en assurés, arrivera tôt ou tard à Stirner et à Nietzsche. Leurs conceptions en apparence les plus étranges nous deviendront familières. Certaines de leurs prévisions se changeront en faits réalisés. Nous admirerons leur clairvoyance. Leur prétendu orgueil nous frappera comme une belle modestie. Nous honorerons leur courage de précurseurs et de premiers pionniers. Nous ne leur chercherons pas de chicanes futiles. Nous ne nous voilerons plus pharisaïquement la face devant leurs mots de combat. Nous saisirons le sens simple et direct de ces vocables. Nous ne chercherons pas midi à quatorze heures. Mais appliquant à l'étude des lois de la connaissance la féconde méthode du *doute hyperbolique* de Descartes, nous dirons avec celui-ci, bien plus encore qu'avec Stirner et Nietzsche : *Rien n'est vrai.* Et lorsque nous voudrons, à notre tour, faire bénéficier la nouvelle science morale de l'excellent principe méthodologique de la *table rase*, nous commencerons nécessairement par y poser l'axiome nietzschéen : *Tout est permis.*

Non, vraiment, je ne crois pas que la postérité oublie un jour les services exceptionnels rendus par Stirner et Nietzsche à la cause de la pensée et de la recherche libres. Elle se souviendra surtout de Nietzsche qui, s'il ne put devenir lui-même le Christophe Colomb du nouveau monde moral, ne douta du moins jamais du sort réservé par l'avenir à la noble entreprise, et ne cessa point de battre le rappel des hommes de courage et de bonne volonté.

« Montez sur vos vaisseaux », s'écrie-t-il dans sa *Gaie Science* qui parut en 1882. « Ce qui nous est nécessaire, c'est une nouvelle Justice ! Et une nouvelle libération ! Et de nouveaux philosophes ! La terre morale est ronde, elle aussi. Et la terre morale a aussi ses antipodes. Et les antipodes ont aussi leur droit à l'existence ! Il y a encore un monde nouveau à découvrir, et même plus d'un ! A vos navires, à vos bords, philosophes ! » (10)

IX

Le philosophe Nietzsche est en même temps un sociologue, comme les philosophes Descartes et Leibnitz étaient en même temps des mathématiciens, comme le philosophe Kant était, à ses heures, un astronome. La part du spécialiste est même peut-être chez Nietzsche plus considérable et plus importante que celle du métaphysicien. Mais que l'on puisse le dire, que l'on puisse qualifier de sociologiques les dissertations purement morales de Nietzsche, voilà un signe non équivoque des temps, une preuve certaine que des changements graves se sont peu à peu accomplis dans la mentalité scientifique des générations actuelles. Un siècle plus tôt, on aurait rejeté comme ridiculement inadmissible l'hypothèse d'une séparation sévère entre la morale et la haute métaphysique; aujourd'hui, c'est leur alliance étroite et l'antique dépendance de la première envers la seconde qui troublent la raison du penseur et blessent la conscience du savant. Et le sociologue apparaît déjà nettement derrière le moraliste théoricien appliquant à l'étude de la vertu et du vice les méthodes habituelles du savoir expérimental.

Quelle idée Nietzsche se fait-il des phénomènes moraux et de la meilleure façon d'arriver à leur connaissance? On peut l'expliquer en très peu de mots. Il y a, pense-t-il, autant de morales différentes qu'il y a de types divers de conduites. Une morale est une activité sociale coutumière, traditionnelle, imitatrice, rien de moins et rien de plus. Les lignes de conduite les mieux adaptées aux circonstances, les plus prévoyantes, celles qui allient dans de justes proportions l'audace à la prudence, en un mot, les *morales fortes* se conservent, perdurent, traversent les âges, imposent aux lignes de conduite moins richement douées, aux morales *faibles*, écloses soit à l'intérieur du même groupe humain, soit dans les groupes avoisinants, leurs manières d'être, leurs modalités propres, leurs critères du bien et du mal. Le bien est tout ce qui favorise l'activité coutumière, ce qui la rend puissante, ou plutôt ce qui la rendait telle autrefois; car le bien est toujours une forme antique — et souvent déjà périmée — de la Force. « Comme une coquille, dit à ce propos un disciple français de Nietzsche, témoigne qu'un animal vivant la forma naguère pour s'y créer une demeure et une forteresse, tout concept de Bien témoigne qu'une activité forte s'y complut naguère, y trouva sa joie et sa force. » Le même auteur ajoute en guise de conclusion : « La force seule décide du bien. Le concept du bien est intérieur au concept de la force; il en relève expressément et tient de lui tout ce qu'il vaut. La force est l'ancêtre qui transmet au bien l'héritage de sa noblesse, le titre qu'elle sut acquérir. »

Ce que je pense de cette conception de la morale? Elle me paraît très honnête, très franche, très loyale.

Nietzsche était convaincu de sa vérité *objective* : elle est donc au moins *subjectivement* vraie.

C'est une protestation contre l'éternelle hypocrisie de la bêtise et de l'ignorance, protestation qui voudrait être raisonnée, sévèrement logique et qui finit, malgré tout, en un grand cri de douleur, presque de désespoir, arraché par le spectacle de la bassesse morale ambiante à une conscience droite et fière.

Vous nous assourdissez par vos plaintes, semble vouloir dire aux hommes Nietzsche, par vos lamentations roulant sans cesse sur ce thème, que le Mal domine le Bien, que le Vice prévaut sur la Vertu, que la Force piétine le Droit! Or, qu'est-ce que votre Bien, qu'est-ce que votre Vertu, qu'est-ce que votre Droit? Autant de formes anciennes — et souvent archaïques, terriblement usées et démodées — de cette même Force contre les manifestations plus récentes de laquelle vous élevez vos clameurs, absurdes à ce point qu'elles en deviennent ridicules. Adorateurs inconscients de la Force sous toutes ses faces, sous ses aspects les plus inattendus, quelle mouche soudain vous pique et vous incite à blasphémer votre Idole, à l'accabler de vos injures, à la couvrir de boue? Si une telle inconséquence est humaine, trop humaine, combattez sans pitié l'homme en vous et devenez durs, devenez *surhumains*. Ne restez pas, comme les Juifs, obstinément attachés à Jéhovah, et ne reniez pas, par crainte de lui déplaire, le Dieu nouveau. Bandez vos muscles et vos nerfs, prenez votre élan, dépassez sans cesse vos premiers buts, *surpassez-vous*. Changez, soyez autres : telle est la loi suprême de votre destinée. Haut les esprits et les cœurs! Il s'agit de créer, à la place des vieilles valeurs morales rapiécées et qui s'en vont en loques, des valeurs plus solides et plus résistantes, un autre Bien, une autre Vertu, un autre Droit! Il s'agit, en vérité, ici encore, de dresser une force contre une force, — la victoire, le dernier mot demeurant toujours à la force supérieure.

Ce mot de force offusque les faibles, les impuissants qui entre eux se donnent volontiers le titre de délicats : ceux-là voudraient peut-être que la force supérieure produisît des résultats moindres que ceux effectués par la force inférieure! Mais un tel miracle ne s'est jamais vu et ne se verra jamais. Seuls, les esprits dont la vue courte ou trouble n'embrasse qu'un horizon des plus étroits, peuvent trouver quelque avantage à confondre les différents degrés de la hiérarchie impeccable des forces. C'est ainsi, par exemple, que le vulgaire substitue constamment le physique au moral et *vice versa*, comme si ces deux modalités de la force une et indivisible n'avaient pas entre elles des rapports de subordination nécessaires, scientifiquement déterminés ou déterminables. D'ailleurs, dans l'histoire vraiment humaine, la force physique ou plutôt physiologique reste aux ordres de la force morale qui la commande; il ne saurait donc y être question, en dernière analyse, que d'un conflit entre forces surorganiques.

Dans cette lutte, le mal peut — et même facilement — l'emporter sur le bien : la haine, par exemple, sur l'amour ou la pitié. Mais ce triomphe du mal s'explique de diverses façons. Tantôt certains mouvements de l'âme, soit l'amour et la pitié, auront été, quantitativement ou qualitativement, plus faibles que les mouvements en sens inverse, soit la haine et la cruauté. Dans ces conditions, pour déplacer la victoire, il eût fallu, de toute nécessité, renforcer la première série de motifs ou diminuer l'intensité de la seconde. Et tantôt — et c'est peut-être le cas le plus fréquent, c'est surtout celui que Nietzsche eut le grand mérite d'avoir été le premier à mettre en lumière — les motifs et les actes que nous persistons à placer sous le signe du Bien et de la Vertu, n'auront été qu'une expression ancienne de la Force, indifféremment bonne ou mauvaise. Révérés naguère sous ce même signe, de tels mobiles — l'amour jaloux et exclusif, par exemple, ou les satisfactions mesquinement égoïstes de la charité — viennent aujourd'hui, par suite de nos connaissances psychologiques et sociologiques accrues, se ranger d'eux-mêmes sous le signe opposé du Vice et du Mal. Mais comment, alors, oser parler d'une victoire du mal sur le bien? Il ne peut s'agir, tout au plus, que de l'avantage remporté par une forme particulière du mal sur une autre. D'autre part, il nous arrive souvent, par pure inertie intellectuelle ou affective, de continuer à qualifier comme mal l'espèce de force qui portait cette étiquette dans le passé, sans prendre garde que les motifs et les actes ainsi désignés pourraient déjà, grâce aux progrès de nos connaissances psychologiques et sociales, s'apprécier aujourd'hui d'une manière diamétralement différente. Tel serait peut-être, pour ne pas aller chercher bien loin un exemple, le cas de certaines revendications socialistes ou même anarchistes que la conscience de la majorité des hommes ne cesse de repousser en les jugeant d'une façon aussi absurde que sévère.

Nietzsche est l'homme de toutes les audaces, parce

qu'il est l'homme de tous les progrès. C'est, à ma connaissance, avec Spinoza, l'un des plus fervents amoureux de la perfection sous toutes ses formes. Mais parmi les changements qu'il appelle de ses vœux, qu'il signale comme réalisables, il y en a un qui mérite une mention particulière. Nietzsche demande que le vrai sage, que l'inventeur de valeurs inédites jette enfin le masque d'humilité sérieuse, de tranquille résignation, de respect pour les choses qui ont duré longtemps et les institutions qui existent encore, masque qui lui donnait un faux air d'ascète et de conservateur; — et qu'il s'avoue pétulant, altier, impérieux, joyeux de vivre, franchement révolutionnaire — ce qu'il est de sa nature. Cette sorte d'hypocrisie pouvait être utile aux premiers pionniers de la pensée contemplative et novatrice, alors que le savoir humain, en proie aux pires suspicions de la barbarie remuante et active, était presque obligé de ramper à genoux pour se frayer une voie étroite, *angusta via*. Mais devenue une simple survivance historique, une telle sauvegarde ne peut qu'avilir de nos jours ceux qui prétendraient en faire usage. Selon Nietzsche, quand on brigue l'honneur d'apporter aux hommes un nouvel évangile, il ne faut pas s'abaisser à leur faire accroire que ce dernier confirme l'Ancien Testament; il faut, au contraire, les avertir en toute loyauté que la vérité morale est, comme la vérité logique, toujours une et jamais double.

Quoi qu'il en soit, du reste, le monde entendit la voix qui, il y a deux siècles, avec Spinoza, il y a un demi-siècle, avec Stirner, clamait encore dans le désert. Il ne resta pas sourd à l'appel éloquent de

Nietzsche. Il fit même, semble-t-il, très bon accueil au formidable cri de guerre poussé par ce philosophe militant. Tout cela indique, à mon avis, que ce qu'on a appelé : « l'angoisse nietzschéenne », loin d'être un fait isolé ou unique, constitue déjà un état d'âme assez répandu. Tout cela témoigne que les temps sont proches, que nous sommes en pleine crise morale, que le siècle de la sociologie n'a pas pensé, réfléchi et travaillé en vain, que l'éthique traditionnelle, de même que les autres formes du pur empirisme, dans la science, dans la philosophie, dans l'art et jusque dans la pratique, est très gravement atteinte. Tout cela prouve enfin que Nietzsche n'avait peut-être pas tort d'annoncer « la mort de la morale », de la morale chrétienne aussi bien que de l'éthique utilitaire, comme « le spectacle grandiose en cent actes » qui tiendra l'affiche pendant les deux prochains siècles d'histoire européenne, « spectacle terrifiant entre tous, ajoute-t-il, et peut-être fécond entre tous, aussi, en magnifiques espoirs ».

X

Je ne veux pas faire ici de parallèle — la tâche serait trop facile, en vérité — entre Nietzsche, ce Bismarck de la Morale, et Bismarck, ce Nietzsche de la Politique, c'est-à-dire, ainsi qu'on commence déjà à l'admettre aujourd'hui, de la technologie, de la technique morale. Mais je ne crois pas me tromper beaucoup en affirmant que le Praticien fut, comme le Théoricien, fortement marqué par l'aile puissante du temps. Berlin, Greifswald et Gœttingue, Kant et Hegel, Comte et Schopenhauer, Darwin et Spencer, Helmholtz et Pasteur, les découvertes de la biologie et de la chimie, les miracles de la mécanique et de la physique, maints effluves de tout cela ont sans doute pénétré sous l'épaisse boîte crânienne du Poméranien. Ces diverses influences n'y déchaînèrent point la fougueuse tempête, la grandiose ébullition d'idées et d'images dont le noble cerveau de Nietzsche nous donna l'inoubliable spectacle. Tout le splendide rayonnement du génie moderne laissa Bismarck froid et calme, matériel et obstiné. Mais il déposa dans son esprit — qui fut peut-être moins grossier qu'on ne le pense — les germes du même scepticisme, pour ne pas dire du même profond mépris, à l'égard des anciennes idoles adorées par le commun des hommes. Le politique et le sociologue se rencontrèrent en un tournant où leurs routes se rejoignaient et où chacun d'eux trouva aussitôt de nombreux disciples, ce qui nous induit à croire qu'il s'agissait là d'un sentiment mal exprimé encore, mais déjà vaguement ressenti par les foules. Je veux parler de l'opinion qui taxe de terriblement surfaites les vieilles valeurs morales, qui les envisage comme une sorte de monnaie conventionnelle et fiduciaire dont le cours baisse rapidement et peut, si rien ne s'y oppose, atteindre zéro.

Nietzsche et Bismarck, les deux antechrists, comme se plaisent à les appeler certaines âmes peureuses, fascinées par le passé qu'elles se représentent sous des couleurs essentiellement fausses, et lâches devant l'avenir qu'elles identifient avec le gros et noir nuage qui s'avance menaçant au-dessus de leurs têtes, — ces deux hommes, si différents à tant de titres et pourtant si semblables, sont sûrement des précurseurs; et les doctrines de l'un comme les actes de l'autre sont des signes, des symptômes auxquels un esprit réfléchi attachera la plus grande importance. La comparaison avec l'Antechrist que je viens de rappeler n'est pas si folle qu'elle le paraît au premier abord. Il s'agit, en vérité, de la fin d'un monde — du monde moral de nos ancêtres, et d'un jugement qui, sans être le dernier, sera néanmoins quasi universel et très décisif. Il portera sur toutes les valeurs morales connues, parmi lesquelles il fera un triage, qu'il départira en deux grandes catégories : les évaluations rationnelles, objectives, nécessairement destinées à survivre, et les évaluations sentimentales, subjectives, fatalement condamnées à disparaître.

Certes, ce n'est pas la première fois dans l'histoire que les sociétés humaines procèdent à de telles revisions de leurs idées sur le bien et le mal, et les crises morales sont un phénomène qui se répète et qui fut souvent décrit. Mais la gravité de la crise subie de nos jours par l'humanité européenne semble exceptionnelle, non seulement parce que ce terrible choc frappe une culture qui laisse loin derrière elle tous les types de civilisation connus, mais encore et surtout parce qu'il coïncide avec un événement qui, malgré son caractère de pure intellectualité, possède une portée pratique immense. Je veux parler de la constitution, sur la base déjà affermie de la science des phénomènes vitaux, d'une science des faits sociaux définitivement soustraite au joug des conceptions philosophiques et, à plus forte raison, des idées religieuses. C'est là un fait considérable qui ne peut pas ne point retentir puissamment dans la sphère de nos évaluations morales.

Pour ma part, je crois que la constitution — le passage de l'enfance à la maturité, à l'âge de raison — de toutes les sciences, depuis la physique jusqu'à la biologie, fut régulièrement accompagnée d'une crise morale, d'une nouvelle évaluation des rapports nécessaires entre les hommes, d'une interprétation modifiée des signes du bien et du mal. C'est ainsi que la morale, malgré son empirisme manifeste et profond, a marché, a évolué, a changé sans cesse; jamais, quoi qu'on puisse dire, et les conditions indiquées plus haut (le progrès des sciences) étant présentes, elle n'est restée stationnaire. Par contre, elle se dessécha, elle se pétrifia en des formes archaïques et souvent grotesques partout où le mouvement scientifique s'est trouvé arrêté, pour une raison ou pour une autre; d'où je conclus que la stagnation morale est l'effet, la conséquence inévitable de la stagnation mentale et, plus particulièrement, de l'immobilité scientifique. Et pour en revenir à l'agitation profonde qui a envahi, de nos jours, les connaissances sociales, comment ne pas voir que si ce mouvement tient ce qu'il promet, si la sociologie se constitue à l'exemple ou sur le modèle des sciences qui la précédèrent dans l'évolution générale du savoir humain, ce ne seront plus des réformes partielles qui en surgiront, mais une grande, une radicale, une formidable révolution, un bouleversement total de nos concepts moraux, un cataclysme qui ébranlera l'antique citadelle sociale jusque dans ses *ima fundamenta* et jettera à bas plus d'une muraille chinoise, plus d'une cloison gênante, plus d'une lourde et laide construction interceptant l'air et la lumière.

Voilà pourquoi j'honore, j'admire et j'aime Nietzsche. Voilà pourquoi sa brusque renommée, sa popularité rapide m'ont réjoui le cœur. Je les eusse voulues plus pures encore et plus parfaites. Je vois en lui l'Assainisseur public, le Fossoyeur diligent qui creuse — sans compter ses coups de bêche — la tombe où iront s'ensevelir les dépouilles mortelles d'un monde entré en agonie. C'est là une tâche pénible et dont on ne se charge pas volontiers. Nietzsche, qui ne recula pas devant elle, qui l'accomplit jusqu'au bout, poussé sans doute par ce même sentiment du *devoir* qu'il a tant raillé, mérite, à ce titre seul, toute notre reconnaissance. Une classe de savants, surtout, lui doit vouer une profonde gratitude : ce sont les sociologues, appelés par le caractère même de leurs travaux à revoir et à corriger les jugements empiriques et traditionnels des hommes soit sur la nature des liens qui les unissent en sociétés, soit sur la valeur des actes humains qui concourent à resserrer ces liens ou à les relâcher. Nietzsche est et restera longtemps encore leur auxiliaire précieux. Ses grands dons d'artiste, son tempérament de poète, la morbidesse printanière et excitante de son esprit et une foule d'autres qualités lui conquirent l'oreille des foules. Et de l'oreille au cerveau, le chemin est court. Par tout ce qu'il a écrit, par ses erreurs, ses méprises et ses illogismes, aussi bien que par ses jugements droits et justes, Nietzsche prépare admirablement ses lecteurs à recevoir les leçons sévères des sociologues. C'est, en somme, et je l'ai déjà dit, un précurseur, une sorte de saint Jean-Baptiste...

Au surplus, dans son œuvre si captivante et si considérable, il n'est pas que négateur et démolisseur. Il lui arrive de construire quelquefois : fièvreusement, à la hâte, il est vrai, et sans plan, sans méthode, sans grand esprit de suite... Des croquis, des esquisses qu'il voulait revoir, auxquels il se promettait de revenir! Mais la mort, à laquelle il avait dérobé une partie de son lugubre enseignement — n'est-elle pas souvent la pire cruauté, l'irréparable dureté? — la mort jalouse ne le permit point. Inachevée, l'œuvre de Nietzsche reste belle de la radieuse beauté des choses commençantes; et quand le temps lui aura donné la patine du vieux bronze, elle possédera encore la beauté des grandes ruines.

DEUXIÈME PARTIE

LE PHILOSOPHE

I

Nietzsche, nous l'avons dit dans la première partie de ce volume, se défiait des grandes formules universelles. Au lieu de les chercher, il les fuyait. En revanche, son esprit se sentait à l'aise parmi les contradictions intimes qui, éclatant entre ses diverses théories, tendaient à rendre illusoire, à détruire l'unité de sa pensée. Et, par contre aussi, il maniait dans la haute perfection les idées, les abstractions spécifiques, il s'élevait parfois à des généralisations de détail, à des synthèses partielles d'une grande valeur et d'un charme logique incomparable.

Dans sa philosophie — assemblage de vues disparates et quelquefois discordantes, qui se dérobe à tout jugement uniforme — deux points nous frappent plus particulièrement. C'est, en premier lieu, l'idée générale que Nietzsche se fait de la fonction propre du philosophe et de l'attitude que celui-ci doit prendre et garder envers la science ; et c'est, ensuite, son agnosticisme, prétendu ou réel, sa célèbre doctrine du non-vrai comme condition de toute vie.

Ce problème capital : qu'est-ce que la philosophie? préoccupe fortement l'esprit de Nietzsche. Avec la presque unanimité des philosophes, il intervertit les rapports naturels d'étroite dépendance qui unissent les conceptions religieuses et philosophiques aux idées scientifiques. Il voit dans les premières, non pas le produit direct et inévitable des secondes, mais une formation intellectuelle supérieure au savoir spécial et beaucoup plus apte à le dominer qu'à recevoir son impulsion. D'autre part, subissant les influences positivistes, antithéologiques et antimétaphysiques de son siècle, il se refuse à tracer une ligne rigoureuse de démarcation entre la philosophie et le savoir positif. Il est toujours prêt à confondre la déduction philosophique soit avec l'induction scientifique qui lui donne naissance, soit même avec les manifestations esthétiques qui, à leur tour, s'appuient sur nos idées ou nos croyances les plus générales. C'est ainsi, par exemple, qu'à ses yeux une philosophie est nécessairement, avant tout, une morale. « Les vues morales ou immorales, dit-il, forment le germe d'où, chaque fois, la plante entière est éclose. »

Certes, ni la conception de Nietzsche, ni celle, beaucoup plus large, de Comte qui identifie la philosophie avec la somme entière des sciences abstraites, ne contredisent point aux enseignements du passé. Les religions et les philosophies les plus anciennes s'efforcent déjà de combler les lacunes, les vides laissés par les sciences particulières. Et quand les disciplines du monde inorganique d'abord, celles du monde de la vie ensuite, secouent leur joug, échappent à leur tutelle, les religions et les métaphysiques se replient vers les deux derniers domaines qui leur restent : elles tendent à devenir soit des systèmes de morale, soit des théories de la connaissance. Comme toutes les grandes philosophies idéalistes des XVIIIe et XIXe siècles, comme le criticisme de Kant et l'éthélisme de Schopenhauer, les vues générales de Nietzsche offrent constamment ce double caractère. Elles sont tantôt exclusivement sociologiques, elles élaborent des idées morales; et tantôt purement psychologiques, elles s'appliquent à élucider les problèmes les plus ardus de la théorie de la connaissance.

Mais la philosophie, pour Nietzsche, est autre chose encore. Elle sert à ses yeux d'expression à un tempérament intellectuel, elle lui apparaît comme une confession publique du sage devant la foule. Les plus célèbres écrits des philosophes sont de véritables autobiographies, des mémoires reflétant les états profonds de conscience, les sentiments les plus intimes de leurs auteurs. Cette conception, dont les disciples de Nietzsche ne cessent de nous vanter les mérites, éloigne la philosophie de la science et la rapproche de l'art; et elle prouve que Nietzsche resta fidèle, sinon à la lettre, du moins à l'esprit et à la méthode de l'ancienne métaphysique. Disons cependant, à la décharge de celle-ci, que son « personnalisme » ou son « subjectivisme » ne posséda jamais l'envergure étroite que Nietzsche lui attribue. Si les fondateurs de religions et les créateurs de systèmes métaphysiques parvinrent à intéresser à leur œuvre, les uns, les grandes masses humaines, et les autres, les élites sociales, c'est que tous ont incarné et représenté d'une façon ostensible, quoique diverse, l'esprit, la conscience, les idées, les sentiments et, en dernière analyse, les connaissances d'une longue suite de générations. Et le savoir d'une époque dépouille nécessairement le caractère personnel, c'est-à-dire plus ou moins accidentel, qu'il garde encore chez l'individu.

Les doctrines d'un Christ, d'un saint Paul, d'un Mahomet, d'un Luther, et celles d'un Platon, d'un Marc-Aurèle, d'un Spinoza, d'un Diderot, d'un Hegel, d'un Schopenhauer possèdent pour le sociologue un prix inestimable parce qu'elles lui livrent l'âme des foules ou des élites d'un temps donné, parce qu'elles mettent à nu la conscience impersonnelle de grands milieux historiques.

D'ailleurs, il n'est pas toujours facile de conclure, de la lettre et même de l'esprit d'une philosophie, au caractère ou au tempérament particulier du philosophe qui la promulgue. C'est ainsi, par exemple, que les disciples de Nietzsche se trompent singulièrement, croyons-nous, lorsqu'ils nous présentent leur maître comme « une incarnation de l'instinct de pouvoir ou de grandeur », comme « celui qui met sa joie dans la conscience de sa force ». Sans doute, la philosophie nietzschéenne exalte et porte aux nues toutes les formes de la puissance. Mais elle ne conçoit jamais le pouvoir au repos, pour ainsi dire, ou tel qu'aurait pu l'imaginer la pensée olympienne d'un Gœthe. Cette philosophie est l'apothéose non pas de la force ni même de la volonté, mais de leur *progrès*, de leur lutte ardente avec tout ce qui les entoure, de leur combat perpétuel contre elles-mêmes. Nietzsche ne glorifie que la puissance inquiète qui cherche à se dompter, qui déteste sa propre suprématie, qui veut se vaincre pour mettre à sa place quelque chose de plus haut et de plus noble..... Célébrant ce moyen de grandeur qu'il semble si heureux d'avoir découvert, — la cruauté envers soi-même, « il y a, dit Nietzsche, une joie aiguë, débordante, à assister à ses propres souffrances ». Et il ajoute ces paroles significatives : « Que l'on considère enfin que le chercheur, tandis qu'il force son esprit à la connaissance contre le penchant de l'esprit et assez souvent même contre le vœu de son cœur,... agit comme un artiste et transfigure la cruauté;... déjà dans toute volonté de connaître il y a une goutte de cruauté » (12). En un mot, la philosophie de Nietzsche semble être le produit non pas de la mentalité qu'elle porte ouvertement au pinacle, mais des émotions et des désirs inspirés au philosophe par un tempérament directement opposé. Cette doctrine de l'orgueil indomptable, de la dureté inflexible trahit le penseur incertain, faible de vouloir, timide, doutant de lui-même, et essentiellement bon, doux, prêt à se sacrifier, à souffrir avec bonheur pour autrui.

II

Dans notre ouvrage intitulé *La Philosophie du Siècle* nous avons voulu prouver deux thèses, à savoir : 1° que toutes les constructions spéculatives de notre époque se laissaient nécessairement ramener à l'un des trois grands systèmes contemporains connus sous les noms de criticisme, de positivisme et d'évolutionnisme; et 2° que ces systèmes eux-mêmes s'offraient comme des variétés d'une espèce unique, des manifestations parallèles d'un fonds commun de croyances et d'hypothèses générales.

La philosophie de Nietzsche qui clôt le XIXe siècle d'une façon quelque peu inquiétante ne contredit pas à cette double assertion. Car l'originalité philosophique du nietzschéanisme consiste, je ne dirai point à ne pas en avoir — ainsi que le sous-entend ma première thèse, — mais à se rattacher simultanément aux trois directions essentielles qui absorbent la pensée générale de ce temps. Nietzsche ne cherche pas à concilier entre eux le criticisme, le positivisme et l'évolutionnisme, ou à faire ressortir l'unité supérieure et cachée de ces systèmes. Il s'imagine de bonne foi, au contraire, les avoir tous rejetés, il croit avoir pris position en dehors des doctrines régnantes. Cette conviction est même si forte et si constante chez lui qu'elle donne à sa conception du monde un faux air de nihilisme absolu qui trompa un grand nombre de ses disciples et de ses critiques.

Nietzsche déclare la guerre à toutes les religions et à toutes les philosophies, il prétend secouer le joug de tous les dogmatismes, il n'épargne aucun de ses maîtres : ni Kant, ni Hegel, ni Comte qu'il ne connaît, d'ailleurs, que de deuxième ou de troisième main, par les écrits des Mill, des Taine, des Renan, des Guyau; ni Spencer, Darwin et l'école évolutionniste tout entière; ni même son grand favori qui, avec Wagner, fut à un moment donné son idole, Schopenhauer. Pour tous, principalement à la fin de sa carrière, il n'a que sarcasmes et dédains; il les estime, non pas insignifiants — car il est disposé à exagérer le rôle des philosophes dans le monde, — mais insuffisants, mais ne répondant plus aux grands besoins intellectuels de l'humanité moderne.

Au point de vue spécial auquel il aimait à se placer — point de vue qui ne coïncidait guère avec l'angle optique s'ouvrant sur l'époque courante, mais qui déjà s'efforçait de percer les brumes d'un avenir éloigné, — Nietzsche avait sans doute raison de traiter les philosophies actuelles d'ébauches grossières et imparfaites. Par malheur, il méconnaissait totalement la vraie nature des liens qui unissent la pensée générale d'une période historique à la somme de savoir particulier acquise par les périodes précédentes. Par suite, au lieu de chercher la cause directe de la triste situation de la philosophie contemporaine dans l'état lamentablement arriéré des deux grandes sciences du monde moral, la sociologie et la psychologie, il préféra s'en prendre aux philosophes de ce siècle; il accusa leur tempérament individuel, il leur reprocha de manquer d'audace, de décision, de clairvoyance, de tous les dons spéciaux qui assurent la souveraineté mentale du sage sur le reste des hommes.

Mais la philosophie de Nietzsche se charge elle-même du soin de venger les grandes écoles modernes des airs hautains ou méprisants que leur indocile élève prenait à leur égard. Cette philosophie, je le répète, s'offre comme un amalgame, un groupement et quelquefois une collusion de théories et de doctrines criticistes, positivistes et évolutionnistes.

Dans ce singulier mélange, la philosophie critique forme l'élément qui domine tous les autres. Je crois que personne ne contestera ce point. Nietzsche s'est avidement nourri des idées contenues dans la *Critique de la Raison pure*. Il s'assimile une notable partie de l'enseignement kantien qu'il développe, qu'il pousse à ses conséquences extrêmes, dont il tire parfois des conclusions inattendues. Mais il rejette aussi avec violence, dans les théories de Kant, les raisonnements qui blessent ce que ses disciples appellent sa sensibilité ou son tempérament intellectuel, c'est-à-dire, en vérité, les jugements allant à l'encontre de certaines convictions puisées par lui à d'autres sources philosophiques.

Les plus fougueux partisans de Nietzsche ne sauraient nier la forte et durable influence exercée sur son cerveau par le génie puissant de Kant. Néanmoins, et désireux de sauver à tout prix le renom de haute originalité de leur maître, certains nietzschéens édifièrent à ce propos une hypothèse qu'on peut trouver intéressante, mais que les esprits sceptiques et positifs qualifieront, je le crains, de conte amusant.

On a soutenu, notamment, que l'œuvre capitale de Kant, la *Critique de la Raison pure*, offre le rare et singulier spectacle « d'une philosophie en opposition complète avec la sensibilité dominante du philosophe qui la formule ». Kant nous dévoilant les vérités négatives de la Critique, voilà, dit-on, un miracle qui ne se peut justifier et comprendre que si on le compare à un phénomène de somnambulisme. « Il faut », écrit à ce sujet un fervent admirateur de Nietzsche, « se figurer l'instinct de Connaissance, au temps encore de sa servitude, demeuré, durant quelque sommeil léthargique des autres instincts, maître furtif de la puissance, célébrant ses rites, promulguant ses lois, devançant l'époque de sa suprématie.... Mais, sitôt éveillé de cet état somnambulique où il a tenu le rôle de médium du Génie de la connaissance, Kant s'empresse de détourner l'entreprise instituée à son insu du but vers lequel elle se dirigeait. Il était arrivé ceci, que non seulement la sensibilité de Kant n'avait pas eu de part à l'élaboration de cette philosophie, mais que les conclusions de cette philosophie étaient en antagonisme absolu avec les modes de sa sensibilité. Le premier acte de Kant rendu à lui-même, retombé sous le joug de sa *suggestion* normale et obéissant au *souhait du cœur* qui le mène, est de renverser cet échafaudage élevé sous son nom, mais en réalité sans son concours. Il imagine les noumènes etc. » C'est ainsi que s'expliquerait la contradiction essentielle, insurmontable, qui, dissimulée encore dans la critique de la *Raison pure* et éclatant au grand jour dans celle de la *Raison pratique*, scinde l'œuvre totale de Kant en deux doctrines opposées et farouchement ennemies, dont la dernière surtout impressionna les esprits de ses successeurs et fut largement répandue dans le monde. Quant aux principes de la première *Critique*, ce qui leur manqua pour convaincre les hommes et régner sur eux, ce fut, dit notre nietzschéen, « la consécration d'un tempérament les ayant adoptés et leur ayant conféré la vie physiologique ». Or, Nietzsche a été ce tempérament. Il accepte et consacre par sa sensibilité particulière le nihilisme métaphysique que Kant créa sans le vouloir avec la *Critique de la Raison pure* (13).

En d'autres termes, Nietzsche fut un Kant de la première manière, mais plein de vie, sorti de sa torpeur léthargique et ne songeant nullement à se reprendre, à se rétracter, à inaugurer un second mode philosophique. De même, pourrait-on dire, l'apôtre Paul fut un Christ actif, instituant sur des bases durables le christianisme vaguement enseigné par le doux rêveur de Nazareth. De même aussi Littré, pour toute une génération, fut un Comte intelligible et facilement assimilable, Taine pour ses disciples — un Hegel s'exprimant en formules positivistes, et Renan enfin, pour une foule d'esprits — le philosophe résumant par son délicieux scepticisme la sagesse moyenne du siècle !

La fable qui nous montre Kant plongé dans un sommeil somnambulique et Nietzsche venant rompre le charme et donner la vie au rêve, est non seulement curieuse, elle repose sur une base véridique. Le kantisme sévère, abstrait, rébarbatif, embarrassant par son schématisme algébrique, devait en effet, tôt ou tard — vu sa grande valeur intrinsèque — susciter un philosophe capable de rendre ses théories sinon vraiment populaires, du moins accessibles au public non professionnel. Mais *vulgariser* une philosophie, c'est essentiellement, comme le mot l'indique, l'amener au niveau des intelligences ordinaires; ce qui, en règle générale, ne saurait s'accomplir, si la doctrine est très haute, sans la rabaisser quelque peu, ou, si elle est très concentrée, sans la diluer en quelque sorte en la noyant dans les faits, les cas particuliers, les exemples explicatifs, en la parant de poésie, en l'ornant et en l'agrémentant d'images vivantes, de métaphores, de comparaisons dramatiques, ou encore en la mélangeant avec des éléments subjectifs, sentimentaux, passionnels, tels que la religion et le culte de l'humanité chez les positivistes, par exemple. Or, Nietzsche fut incontestablement, pour beaucoup d'esprits de la dernière génération, ce vulgarisateur et en même temps cet audacieux déformateur — il se prenait lui-même pour un réformateur — de la philosophie de Kant. Certes, il ne fut pas le seul à s'acquitter de cette double tâche : les néokantiens de toutes les nuances et un philosophe indépendant et original, Schopenhauer, l'avaient déjà précédé dans cette voie. Mais, en dépit de leur savoir et de leurs sérieux mérites, les néokantiens se révélèrent, en définitive, comme des vulgarisateurs médiocres; quant à Schopenhauer, aussi bien doué sous ce rapport que Nietzsche, il ne posséda pas son impétueuse vivacité et il sut conserver une certaine mesure dans les déformations qu'il fit subir aux doctrines de Kant.

Concurremment avec la philosophie critique, le plus pur positivisme inspira et guida à son tour la pensée indécise de Nietzsche. Une période entière de sa vie, marquée par des ouvrages importants (*Humain, trop humain*, *Le Voyageur et son Ombre*, etc.) relève presque exclusivement de cette nouvelle et forte impulsion que son esprit reçut du milieu social et intellectuel qui l'enveloppait de toutes parts. Dans les écrits datant de cette époque Nietzsche se garde bien d'opposer la conscience ou la connaissance à la vie. A la question de Schopenhauer : La vie a-t-elle en général un sens? il répond d'une façon que n'aurait désavouée aucun intellectualiste, ni Descartes, ni Spinoza, ni Hegel, ni Comte : « La vie est un instrument et un moyen de connaissance, une expérience sans cesse renouvelée, elle n'est ni un devoir, ni une fatalité aveugle, ni un mensonge ». Le monde, dit-il encore, doit pouvoir complètement s'expliquer par le savoir exact et non par la métaphysique devenue aujourd'hui « l'erreur qui consiste à prendre les illusions les plus foncières de l'esprit humain pour des vérités de premier ordre ».

D'autre part, ce n'est plus l'individu supérieur et isolé qui crée les valeurs morales, mais, ainsi que l'enseigna toujours le positivisme, l'individu collectif, l'État, la société : « L'instinct obscur doit céder à la raison et toute violence doit s'atténuer et finir par disparaître devant la diffusion de plus en plus rapide des idées de justice et de droit ». — « Il vaut mieux périr deux fois que de se faire haïr ou craindre », dit, dans *Le Voyageur et son Ombre*, Nietzsche qui à ce moment prêche un altruisme dans le goût de Comte et subordonne, comme celui-ci, la raison au sentiment, allant même jusqu'à proclamer que « le cerveau n'est que l'intestin du cœur ».

L'évolutionnisme sous la forme magnifiée et absorbante que lui donnèrent Darwin et Spencer, laissa aussi des traces visibles dans la pensée et les œuvres de Nietzsche. Mais c'est surtout sa morale, sa sociologie qui se ressent d'une telle influence. On a même assez justement remarqué à ce propos que Nietzsche substitue une conception *dynamique* de l'idéal moral à la conception ordinaire qui fut et reste *statique* (révélation, impératif catégorique, etc.). L'*être* moral cède chez lui toute la place au *devenir* moral. Son « surhomme », c'est l'incarnation, l'image visible, artistiquement dramatisée, de l'évolution progressive. « Je vous enseigne le surhomme, dit Zarathustra, le surhomme qui est la raison d'être de la terre. » Il aurait pu dire tout aussi bien : « Je vous enseigne le progrès, qui est la raison d'être de l'humanité ». On s'est mépris à l'égard de Nietzsche encore sur ce point : on a voulu en faire tantôt le philosophe de la « décadence », et tantôt le penseur qui réagit contre toute « dissolution » et cherche à la conjurer, à l'éloigner. Il n'est ni l'un ni l'autre. Lui-même considère les vocables de « décadence » et de « corruption » comme injustement méprisants, ces termes ne pouvant signifier que l'automne d'une civilisation, le prélude nécessaire d'un nouveau printemps.

III

On a vu en Nietzsche un contempteur du savoir, on lui a reproché son verbe, ses gestes irrespectueux envers la grande divinité des temps nouveaux. Pharisaïquement, on l'a jugé sur les apparences. Nietzsche ne cessa pourtant jamais d'être l'amant tenace de la vérité. Mais il se déclara à maintes reprises l'ennemi de certaines méthodes courantes pour l'atteindre, de procédés absolument impropres, selon lui, à nous dévoiler la splendide nudité d'Isis. Et l'on a beau dire, Nietzsche reste imprégné du véritable esprit scientifique qui n'est pas l'esprit de finesse, souple, accommodant, si cher aux ratiocinateurs scolastiques, mais bien l'esprit de clarté, de rude franchise, hostile aux opinions préconçues, violateur des préjugés de la foule. La volonté de puissance dont Nietzsche fait la clef de voûte de l'univers conscient, n'est chez lui, en somme, qu'un autre nom pour la volonté de savoir. La formule : la science pour la science, ne sépare pas le savoir de son application ; car, seul, l'exercice d'une force consacre son triomphe. Mais nos connaissances ne sont jamais ni parfaites, ni égales entre elles précisément parce qu'elles constituent autant de pouvoirs cachés de l'esprit, et que ces pouvoirs offrent des degrés multiples qui se mesurent par les actes correspondants. La science d'un Wagner comparée à celle d'un Faust est infime et misérable; mais telle est aussi sa puissance sur les choses, son action sur le monde.

Certes, Nietzsche a tort de sous-évaluer le rôle que les infiniment petits jouent, à la longue, dans l'univers moral aussi bien que dans le monde physique. Mais ce qu'on appelle son mépris de la science est fait surtout de la basse estime, sinon du dégoût que lui inspire le grand troupeau des médiocrités savantes. Il reproche à celui-ci de chercher toujours les routes battues, et de travailler sourdement, par pur instinct de conservation, à la perte de l'homme génial ou exceptionnel. Manœuvres vulgaires, incapables de créer une nouvelle table de valeurs, ou ascètes raffinés, glorifiant un idéal qui ne diffère pas, au fond, de celui des prêtres dont ils perpétuent la race humblement jésuitique, les serviteurs de la science trahissent, à chaque instant et à tout propos, les intérêts de la vérité pure. Les meilleurs d'entre eux consentent « à n'être qu'un lieu de passage où se mirent des formes et des choses étrangères ». Ce sont des « miroirs », des instruments passifs, ce ne sont pas des dominateurs, des volontés puissantes et modificatrices. « Pauvre âme errante, voltigeante, tu es mon ombre, dit à l'un de ceux-ci Zarathustra : tu as perdu le but! Et ainsi — tu as aussi perdu ton chemin. Prends bien garde qu'en fin de compte tu ne deviennes le prisonnier d'une croyance étroite, d'une illusion dure et rigoureuse! Pour toi, désormais, tout ce qui est étroit et solide est une tentation, une séduction. » Quant aux prêtres qui vivent de l'autel, il vaut mieux, sans doute, suivant l'exemple de Nietzsche, ne pas en parler.

« Vraisemblance, mais point de vérité, apparence de liberté, mais point de liberté, — c'est par ces deux faits que l'arbre de la Science ne risque pas d'être confondu avec l'arbre de la Vie », dit encore Nietzsche. En d'autres termes, si la science est sceptique, la vie est confiante. Mais ce que Nietzsche entend sous le nom de Vie embrasse, simultanément, l'activité causale, la racine biologique de toute science, et l'activité finaliste, l'application du savoir. Cette confusion forme, peut-être, l'erreur capitale de la gnoséologie nietzschéenne. Celle-ci est, à la fois, et biologique, et surorganique ou sociale : anticipation de choses futures, hypothèse présomptueuse qui, dans l'état actuel des deux sciences connexes de la biologie et de la psychologie, demeure sans fondement solide! L'activité vitale qui précède tout phénomène conscient, qui sert de support à la plus humble de nos connaissances, n'a manifestement besoin, pour se produire et subsister, d'aucune parcelle de vérité, ni du moindre mensonge, de la plus faible illusion. Ces attributs caractérisent la seule activité morale ou surorganique qui suit et accompagne la connaissance, et qui l'applique à la satisfaction, de plus en plus rationnelle ou savante, tantôt des simples appétences organiques, et tantôt des nécessités multiples et complexes de l'ordre social.

La confusion de la vie proprement dite avec l'action sociale ou morale (confusion singulièrement facilitée par le langage usuel qui généralise, sous le vocable de vie, toute action et même tout mouvement dépassant le simple étiage physico-chimique) détermine chez la plupart des disciples de Nietzsche une sorte de quiétisme ou de fatalisme réduisant l'esprit humain à un rôle purement passif, lui contestant le pouvoir de susciter ou de modifier le moindre phénomène. « La vie, inexplicable au point de vue de la raison, dit à ce propos un critique récent, se justifie par sa valeur représentative.... Que la vie soit un spectacle pour un spectateur, ceci peut être en effet le mot de l'énigme, ceci est le mot de l'énigme pour celui en qui l'instinct de connaissance a conquis la suprématie. » (14)

Ainsi, toute activité rentre dans l'une de ces deux classes : l'activité qui consiste à voir, et l'activité qui consiste à se laisser voir. Et l'esprit qui voit les choses, qui se voit au milieu d'elles, ne peut rien changer ni au contenu du drame curieux et terriblement embrouillé auquel il assiste, ni à l'ordre dans lequel se suivent ses nombreuses péripéties. Les vieux termes usés d'âme et de matière, de sujet et d'objet, se trouvent, en fin de compte, simplement remplacés par les termes équivalents de spectateur et de spectacle. Et le dualisme affreusement démodé change aussi de nom : dorénavant, il s'appellera *illusionnisme*.

Par bonheur pour Nietzsche, ce dualisme verbalement rajeuni, mais plat et vulgaire au fond, est en contradiction formelle avec bon nombre d'autres vues et d'autres théories qui lui sont familières et qui, elles, ne s'opposent pas aux tendances *monistes* du savoir moderne. D'accord avec celui-ci, Nietzsche reconnaît, dans la matière et la vie, la source originelle des faits de conscience et de connaissance. La vie possède, à ses yeux, l'aptitude de se modifier *suâ sponte* et de susciter l'esprit. Mais l'esprit étant un phénomène comme tous les autres, doit pouvoir, à son tour, s'altérer et susciter un nouvel esprit, de nouvelles connaissances, des manières nouvelles de voir les choses : activité du même *genre* que celle de la nature, mais d'une *espèce* différente et qui porte le nom de progrès intellectuel ou moral. Néanmoins, comme nous l'avons déjà remarqué, Nietzsche comprend presque toujours, sous le même terme de vie, le fait strictement vital et les phénomènes les plus variés de l'action déjà sociale. Or, le fait biologique constitue l'une des deux causes — l'autre est le fait social — de ce qu'on appelle la connaissance; et l'action sociale — qu'il ne faut pas confondre avec le fait social — se manifeste régulièrement comme une conséquence, soit directe et proche, soit indirecte et lointaine, de notre savoir. En ne démêlant pas les fils ténus de ce réseau compliqué, Nietzsche versa, à son tour, dans le vieil illogisme auquel le talent des disciples de Karl Marx prêta un lustre nouveau et qui consiste à affirmer que l'action sociale, la pratique (ou, gnoséologiquement parlant, l'*objet*) engendre la connaissance, la théorie (ou, gnoséologiquement parlant, le produit du *sujet-objet*).

IV

Que dire de la fameuse thèse nietzschéenne qui exalte l'erreur, le *non-vrai*, qui en fait la base profonde, la racine cachée de la vie?

A mon sens, ce demi-paradoxe, emprunté aux plus vieilles philosophies que le monde ait connues, s'explique par trois groupes convergents de causes : les idées peu nettes ou même confuses de Nietzsche sur le rôle tenu par la science dans l'histoire de l'humanité ; son obstination à ranger sous le même vocable (la vie) deux ordres de phénomènes aussi distincts que les faits biologiques et les faits sociaux ; enfin, et peut-être principalement, la crainte qu'il éprouve devant les illusions subjectives, les pièges multiples que la raison de l'homme se tend sans cesse à elle-même et où elle se laisse si facilement prendre. L'idée, qui pouvait lui être suggérée aussi bien par une modeste et loyale défiance de ses propres forces que par le spectacle des formidables méprises auxquelles nous accoutuma la race vaniteuse des savants et des philosophes, l'idée que l'archi-faux et l'archi-absurde avaient leur place marquée dans tout cerveau humain, même le plus normal, le moins touché par l'aile sombre de la folie, cette pensée a dû — au moins je me l'imagine — hanter l'esprit impressionnable de Nietzsche. Peut-être l'obséda-t-elle tant et si bien que, pour y échapper, il fit comme le célèbre héros d'un conte d'enfant. Pour éviter l'incertitude, il s'y plongea tout entier : il déclara qu'elle était la règle, que l'illusion était nécessaire au bonheur, que le mensonge servait de ferme soutien à la vie. Il affirma que la vérité n'a pas l'importance sociale que ses adorateurs lui reconnaissent, qu'on peut, à la rigueur, s'en passer.

« Nous sommes immoralistes, dit-il; nous sommes aujourd'hui la seule puissance qui n'ait pas besoin d'alliés pour vaincre : car nous sommes de beaucoup les plus forts... Nous avons pour nous une séduction puissante, la plus puissante peut-être qui soit au monde : la séduction de la *vérité.* » Et il se reprend aussitôt : « De la vérité ? Mais qui ose bien me mettre ce mot sur les lèvres? Or donc, je l'en bannis, je dédaigne ce mot orgueilleux. Non, la vérité aussi, nous pourrions nous en passer; même sans elle nous pourrions conquérir le pouvoir. Le sortilège qui combat pour nous, l'œil de Vénus qui séduit et aveugle nos ennemis mêmes, c'est la *magie de l'extrême*, le charme aux effets souverains : nous autres immoralistes, nous sommes *les plus avancés...* » (14 *bis*).

C'est la croyance, issue aussi souvent d'un savoir faux que d'une connaissance vraie, qui commande à l'action, quand toutefois ce n'est pas l'action qui commande à la croyance, car sur ce point Nietzsche hésite, se contredit et tergiverse, — ce n'est jamais la connaissance telle quelle. Voilà, en fin de compte, la seule et faible raison qui semble autoriser l'audacieux défi jeté par Nietzsche aux forces combinées de l'intellect humain. Mais dans toutes les questions de ce genre — je veux dire les questions mal posées — un malentendu gît à la base de nos plus radicales divergences d'opinions. En effet, personne parmi ceux à qui Nietzsche reproche leur culte idolâtre pour la vérité, ne conteste ce point : qu'une réalité ne devient une vérité qu'après avoir été sacrée telle par la croyance, ne fût-ce que la foi d'un seul homme, d'un esprit unique, d'une conscience isolée. Oui, sans doute, la réalité rationnelle doit « émouvoir une sensibilité » avant que celle-ci « la fasse sienne », la proclame comme une vérité. Nulle connaissance — et la vérité n'est que l'aspect objectif de la connaissance — ne saurait exister en dehors du sujet. Et il se peut que le sujet, à peine sorti de l'animalité primitive, ne remarque certains rapports rationnels — par exemple que deux bœufs et deux bœufs en font quatre ou que quatre bœufs forment un total plus grand qu'un seul bœuf soustrait au même tas — que parce qu'il y est contraint par un intérêt pratique immédiat : partage du butin etc. La priorité historique de l'état mental grossier, de la sensibilité quasi animale, sur l'état affiné, sur la psychicité de plus en plus sociale, est certaine. Mais cela prouve-t-il que la connaissance soit, non pas l'origine, la cause, mais l'effet, le produit de l'action? Ou encore que la psychicité sociale, poursuivant son évolution progressive, ne puisse jamais atteindre ce degré où la vérité devient chère par et pour elle-même, en dehors de tout intérêt d'application utile? Il est permis d'en douter.

Toute conception du monde cherche à se former

une sorte d'armature logique capable de la soutenir, de lier ensemble les éléments épars et souvent disparates qui la composent, en lui permettant de lutter avec avantage ou de simplement se défendre contre les idées opposées. Le pessimisme qui naquit de l'antique croyance à la chétivité de la raison humaine vis-à-vis de l'Univers, puisa dans cette hypothèse dépressive ses meilleurs arguments de combat. Tandis que l'optimisme vulgaire assimilait, sans plus, le Mal au Néant, le pessimisme insistait sur ce point, que la Douleur forme le tréfonds de l'Etre; et il en concluait de bonne foi que l'illusion seule peut nous aider à supporter l'existence. Ainsi s'efforça-t-il de réaffirmer ou même de réhabiliter le Mal et l'Erreur que la théorie adverse avait naïvement niés ou sommairement écartés. Effort méritoire, sans doute, mais dont la valeur est très relative. Car l'opposition absolue du mal au bien, ou de l'erreur à la vérité, qui tombe sous la loi logique de l'identité des contraires surabstraits, efface jusqu'au dernier vestige de différence dont pourrait se prévaloir le contraste entre la vue optimiste et la vue pessimiste. Seule, la pensée qui voit dans le mal le moins discutable un degré inférieur du bien, et dans l'erreur la plus sûre une manifestation grossière ou basse, et toujours puérilement incomplète, de la vérité, seule, cette pensée ne risque pas de se perdre dans le dédale des antinomies factices où les espèces les mieux définies prennent l'apparence de genres irréductibles et *vice versa*.

Nietzsche n'évita point l'écueil que je viens de signaler; et les disciples enchérirent encore sur le maître. La théorie du non-vrai comme condition de vie revêt chez eux, en définitive, l'aspect d'un simple contresens. En effet, si cette doctrine que la vérité est destructive de la vie cache une vérité profonde, elle devra elle-même, nécessairement, tendre à détruire et à saper la vie. L'adorateur de la vie sera donc en même temps un fidèle suivant de la vérité; et seul, l'ennemi de la vie aura recours au mensonge.

Les partisans avisés de « l'illusionnisme » se gardent bien d'affirmer le caractère nocif ou inhibitif, par rapport à la vie, des vérités empiriques particulières, et même des vérités abstraites et générales qui les résument. Mais ils supposent volontiers et ils laissent entendre qu'en vertu de certaines lois obscures et encore mal établies de la raison, nos assertions et nos croyances les plus apodictiques sont essentiellement déformatrices de la vérité réelle, de la vérité que rien ne voile et ne farde et qui sans doute restera toujours inconnue. Ils considèrent, par suite, nos axiomes, nos lois scientifiques, tout ce que nous vénérons sous le nom sacro-saint de vérité, comme autant de mensonges involontaires. C'est à ce titre qu'ils leur accordent une action vitale utile ou bienfaisante. Mais ici leur logique chavire dans l'absurde. Cette nouvelle vérité — que la vérité est nuisible à la vie — ne saurait abolir, elle doit confirmer, au contraire, l'hypothèse fondamentale de l'illusionnisme sur la nature intime de tout savoir. Cette vérité n'est donc, à son tour, qu'un mensonge, — le mensonge suprême de l'esprit. Et pendant que se produisent ces contorsions d'une logique infiniment pauvre, la vie qui ne s'y intéresse guère, continue à couler, impassible, entre ces deux rives à la fois opposées et identiques : l'illusion, le rêve, et le fait brutal, la réalité.

En somme, l'antinomie : vie et raison, où se complaît le dilettantisme criticiste de Nietzsche, n'est qu'un nouvel avatar des fameuses antinomies : noumène et phénomène, sujet et objet, être et néant, univers et Dieu, où s'exerça et s'aiguisa le subtil génie métaphysique de nos ancêtres et qui toutes remontent à l'archi-vieille opposition entre l'esprit (autrefois le souffle de vie) et la matière, antinomie ou plutôt *antilogie* initiale qu'on retrouve à la racine des plus humbles croyances religieuses. De toute cette énorme dépense de forces intellectuelles il reste un résultat fort maigre : à peine cette constatation ou cet avertissement que la vie organique, bornée par la sensation brute, diffère par des points essentiels de la vie sociale qui, seule, possède le pouvoir de faire germer et de faire éclore l'idée pure (15).

V

« Je ne suis que variable et sauvage et femme en toutes choses, dit la Vie dans *Zarathustra*, et je ne suis pas une femme vertueuse, quoique je sois pour vous autres hommes la « profonde » ou la « fidèle », « l'éternelle », la « mystérieuse » ! Mais vous autres hommes, vous nous prêtez toujours vos propres vertus, hélas! vertueux que vous êtes! » On peut goûter ou non ce persiflage, mais on ne saurait nier la saveur amère qu'il doit laisser dans certaines bouches, celles notamment qui proclament à tout propos que la vie émerge en ligne directe de l'inconnaissable et participe de sa nature!

Nietzsche est plus explicite dans son joli conte intitulé : *Histoire d'une erreur, ou comment le* « monde vrai » *devint enfin une fable* (dans le *Crépuscule des Idoles*). Je cite le passage entier, un joyau finement ciselé, un chef-d'œuvre d'ironie discrète :

1. — « Le vrai monde accessible au Sage, au Pieux, au Vertueux, il vit en lui, il *est* ce monde.

(La plus ancienne forme de cette idée — relativement ingénieuse, simple, convaincante. — Paraphrase de cet axiome : Moi, Platon, je suis la vérité.)

2. — Le vrai monde inaccessible, quant à présent, mais promis au Sage, au Pieux, au Vertueux (au pécheur qui se repent).

(Progrès de l'idée : elle devient plus fine, plus captieuse, plus incompréhensible, — elle se fait *femme*, elle se fait chrétienne.)

3. — Le vrai monde, inaccessible, indémontrable, problématique, mais qui, conçu seulement par la pensée, est une consolation, une obligation, un impératif.

(L'antique soleil toujours au fond du tableau, mais vu à travers les brouillards du criticisme; l'idée devenue subtile, pâle, septentrionale, « koenigsbergienne »).

4. — Le vrai monde, inaccessible? En tout cas, jamais atteint. Et parce que jamais atteint, inconnu aussi. Partant, il n'apporte ni consolation, ni rédemption, ni obligation : à quoi pourrait, en effet, nous obliger quelque chose d'inconnu?.....

(Aube matinale. Premier bâillement de la raison. Chant du coq du positivisme.)

5. — Le vrai monde, une idée qui ne sert de rien, qui ne crée même pas une obligation, une idée inutile et devenue superflue : *partant*, une idée réfutée : supprimons-la.

(Grand jour. Déjeuner; retour du bon sens et de la gaieté; rougeur éperdue de Platon; sabbat de tous les libres esprits.)

6. — Nous avons supprimé le « vrai monde » : quel monde reste-t-il? Serait-ce le monde des apparences? Mais non! En même temps que le vrai monde, nous avons supprimé le monde des apparences.

(Midi, instant de l'ombre la plus courte; fin de la plus longue erreur; apogée de l'humanité; *Incipit Zarathustra!*)»

Pour Nietzsche, le noumène disparaissant, le phénomène s'évanouit aussitôt. Il note : midi, instant de l'ombre la plus courte, fin de la plus longue erreur. N'infère-t-il pas de ce constat l'identité du noumène et du phénomène, conclusion à laquelle nous arrivâmes également, soit dans l'*Ancienne et Nouvelle philosophie*, soit dans l'*Inconnaissable*? Nietzsche insinue que la valeur de zéro attribuée au noumène, entraîne nécessairement la nullité du phénomène. Nous avions dit : le noumène est une négation fausse, une affirmation du phénomène. Ces deux propositions se valent. Leur signification est claire. Mais Nietzsche ne se borne pas à sa première formule, celle du double zéro. Il se fait un jeu de la varier, de la remplacer par une thèse équivalente. Il choisit, pour cela, une formule qui semble contredire la nôtre, mais qui, en réalité, comporte le même sens. Il préfère dire : le phénomène est une négation fausse du noumène. En d'autres termes, si, pour nous, tout est connaissable, l'inconnaissable n'étant qu'un leurre, pour lui, tout est inconnaissable, le connaissable ou la vérité n'étant qu'une illusion.

Or, remarquez, je vous prie, la sorcellerie des mots, la magie des vocables où s'encercle et s'emprisonne notre pensée, et admirez le pouvoir excessif du verbe sur la raison des hommes! Parce que Nietzsche note $y = x$, au lieu de $x = y$, disciples et adversaires voient également en lui l'apôtre de l'agnosticisme le plus outrancier, le penseur qui pousse à leurs dernières limites les subtiles théories de Kant et les vues simplistes de Comte. De ce chef seul, il devient, à leurs yeux, le négateur par excellence de la vérité objective, le contempteur parfait de la déduction logique. Ne les range-t-il pas toutes les deux dans la classe des *fictions* utiles à la vie? Ne fait-il pas du *non-vrai* la base, la condition de l'existence matérielle aussi bien que de l'existence sociale?

Ne déclare-t-il pas que l'illusion, le mensonge sont pour le moins aussi bienfaisants, et nécessaires à la floraison humaine, que la vérité? N'écrit-il pas en toutes lettres : « La fausseté d'un jugement n'est pas, pour nous, une objection à ce jugement; c'est sur ce point, peut-être, que *notre langue à nous sonne le plus étrangement aux oreilles modernes* »? N'enseigne-t-il pas encore que « si l'humanité se refusait à admettre les fictions de la logique, à mesurer la réalité à l'aide du monde purement fictif de l'inconditionné, de l'absolu, à fausser perpétuellement la vie au moyen du nombre (c'est-à-dire, au moyen de la science exacte), elle ne pourrait pas vivre; que renoncer aux jugements faux serait renoncer à la vie, serait la négation de la vie »? N'établit-il pas enfin une synonymie parfaite entre la « Vérité » de l'amant moderne du *vrai à tout prix* et le « Dieu » du théiste ou du chrétien? Et n'en tire-t-il pas cette conclusion frappante : « Il n'y a pas de doute, l'homme *véridique* — véridique au sens extrême et périlleux que suppose la foi dans la science — affirme par là sa foi en un *autre monde* que celui de la vie, de la nature, de l'histoire; et du moment où il affirme cet « autre monde », eh bien! que pourra-t-il faire de son contraire, de ce monde, de *notre monde*, — sinon le nier?..... Mais on comprend bien, se hâte d'ajouter Nietzsche, où je veux en venir : à ceci, que c'est toujours une croyance métaphysique, sur laquelle est fondée notre foi dans la science, que nous aussi, les penseurs d'aujourd'hui, les athées, les antimétaphysiciens, nous aussi nous empruntons le feu qui nous anime à cet incendie qu'une croyance plusieurs fois millénaire a allumé, à cette foi chrétienne qui fut aussi la foi de Platon, que Dieu est la vérité et que la vérité est divine » (16).

Eh bien! non, Nietzsche fait plus que de pousser à leurs bornes extrêmes les vues agnostiques de Kant et de Comte, il les dépasse par un effort peu ordinaire. Il fait ce qu'il faut pour atteindre la rive opposée. Il rejette l'agnosticisme, il accepte le dogme contraire, notre thèse à nous. Il est avec nous contre Kant et contre Comte, et il est encore avec nous contre ses disciples et contre ses adversaires. « Ce qu'il y a de plus terrible maintenant, annonce au monde Nietzsche-Zarathustra, c'est de blasphémer la terre et d'estimer davantage les *entrailles de l'impénétrable* que le *sens de la terre.* » Mais parmi plusieurs formules exprimant la même idée, l'artiste qui presque toujours primait chez Nietzsche le penseur, et le rapin — qu'on me pardonne ce terme irrespectueux — qui quelquefois primait chez lui l'artiste, choisirent celle qui leur paraissait la plus capable d'étonner, sinon de stupéfier et d'ahurir le lecteur. Qu'importe, en effet, qu'au lieu de dire : Dieu, c'est l'Univers, on vienne affirmer : l'Univers, c'est Dieu! N'est-on pas, dans les deux cas, également moniste, ne nie-t-on pas, dans un cas comme dans l'autre, la dualité essentielle du monde? De même, que l'on dise : votre Inconnaissable est notre Connaissable, ainsi que je l'ai fait, ou qu'on aime mieux renverser les termes de ce rapport d'identité en déclarant avec Nietzsche : votre Connaissable est notre Inconnaissable, on reste également moniste dans la théorie de la connaissance (monisme rationnel), on rejette le dualisme gnoséologique (17).

Certes, on a pu s'y tromper : tellement, je le

répète, les mots accablent de leur poids mort, en philosophie et dans les sciences vagues, les idées vivantes. Et bon nombre d'esprits se laissèrent prendre au piège du signe et de la forme : il leur sembla qu'en identifiant la vérité dite connaissable avec celle dite inconnaissable, on modifiait radicalement la première, on la transformait en son opposé. Or, on ne peut rien changer, par des mots et même par des raisonnements, à ce qui existe. Ceux-ci et ceux-là ne servent qu'à constater et, tout au plus, qu'à expliquer l'existence.

La réalité connaissable demeure, après l'opération logique que lui fait subir Nietzsche, ce qu'elle était avant : une réalité qui nous est *connue d'une façon relative*; et la réalité inconnaissable reste aussi ce qu'elle était : une réalité qui nous est *inconnue d'une façon relative*. Ce que Nietzsche affirme, et ce que nous affirmons avec lui, ce n'est pas l'identité spécifique de ces deux sortes de rapports entre les choses, c'est leur identité générique. Son raisonnement se borne à constater un fait qui se répète sans cesse, et sa formule exprime un cas qui exemplifie une loi générale de l'esprit : la loi de l'identité des contraires surabstraits.

De même, ramenant à un genre unique l'inconnaissable et le connaissable, nous ne transformons pas celui-là en celui-ci. La réalité connaissable continue à demeurer, comme espèce concrète, absolument distincte de la réalité supposée inconnaissable. L'une et l'autre peuvent évoluer : la première peut, soit devenir de plus en plus connue, soit redevenir inconnue (dans le cas, par exemple, où l'on remarque et l'on confesse une erreur); et la seconde peut, graduellement ou brusquement, laisser tomber les voiles qui la dérobaient à nos yeux.

Nier le caractère réel de la chose en soi équivaut à nier qu'un esprit puisse prendre conscience d'une chose sans la décomposer en sujet et en objet. Et affirmer la seule réalité du phénomène, c'est conclure à l'impossibilité, pour la chose en soi, de rester indivise dans l'acte de connaître. Une telle conclusion est aussi éloignée de l'erreur phénoménaliste, situant le centre de gravité du pouvoir cognitif dans le seul « sujet », que de l'illusion populaire situant ce même centre dans le seul « objet ». On ne concède rien aux partisans des vues agnosticistes quand on soutient avec eux que les états de conscience forment, en somme, les seules réalités connaissables; à la charge, toutefois, d'y ajouter ce correctif essentiel : pourvu que ces réalités demeurent toujours décomposables en sujet et en objet. Car un fait de conscience sans objet, ou limité au seul sujet, n'existe pas, à proprement parler, comme fait de conscience. Les plus sûres vérités rationnelles sont à la fois objectives et subjectives, dans le vieux sens métaphysique de ces termes. Les présenter comme dépouillées ou libérées de tout stigmate subjectif ne se pourrait qu'à la condition d'attribuer au mot : objectif, le sens d'exacte similitude, sinon de parfaite égalité dans tous les cerveaux.

Mais les normes logiques de la raison (causalité, finalité, etc.) s'appliquent-elles à l'Univers pris dans son ensemble (au monde dont le commencement et la fin n'échapperaient à l'esprit que comme de flagrantes contradictions *in adjecto*), ou seulement à ses diverses parties, aux choses moyennes qui le composent? La pensée de Nietzsche demeure singulièrement flottante à cet égard. Tantôt, pour lui, la raison qui veut commander à tout l'Univers ou l'étreindre dans son infinité, c'est encore Dieu, ou son fantoche, son substitut humain. « Si, dit-il, au-dessus de toutes choses et par elles aucune volonté éternelle ne *veut*, il faut mettre à la place de cette volonté, et sur toutes choses, le ciel hasard, le ciel inconnu, le ciel à peu près, le ciel pétulance.... J'ai mis à la place de Dieu cette pétulance et cette folie, lorsque j'ai enseigné : une chose est impossible partout et cette chose est le sens raisonnable. » On voit que Nietzsche-Zarathustra niant Dieu est très disposé à se servir des arguments des Pères de l'Église pour l'affirmer. De son éducation première, de ses antécédents ataviques il garde un faible pour l'état d'ignorance inconsciente. Le symbole qu'il choisit entre tous pour caractériser le créateur de valeurs nouvelles, c'est « l'enfant qui est innocence et oubli, un renouveau et un jeu, un premier mouvement, une sainte affirmation ».

Et tantôt il se plaint que le théisme demeure encore profondément ancré dans les esprits, que le concept de Dieu y soit représenté par certains substituts moraux, tels que le Bien, la Vérité, l'Idéal, l'Humanité etc. Et annonçant cette catastrophe, la mort de Dieu, il fait une réserve importante : « Cet événement formidable, dit-il, est encore en route, il marche, il n'est pas encore parvenu jusqu'aux oreilles des hommes. Il faut du temps à l'éclair et au tonnerre, du temps à la lumière des étoiles, il faut du temps aux actions, même après qu'elles ont été accomplies, pour être vues et entendues ».

Quoi qu'il en soit, on trouve dans l'œuvre complète de Nietzsche nombre de prémisses qui auraient pu, qui auraient dû logiquement le conduire à une rupture ouverte avec les théories régnantes de l'agnosticisme moderne. Ce divorce ne s'est pas accompli. Dans la question qui nous occupe, comme dans quelques autres, Nietzsche s'arrête, pour ainsi dire, à mi-côte; il reste en route, il n'achève pas l'ascension commencée. En eut-il seulement le temps? Ses merveilleuses flâneries à travers les idées, les systèmes, les préjugés énormes, les superstitions formidables de l'humanité ne prennent que rarement l'allure de sérieux voyages de découverte. Soit; mais son évolution mentale ne fut-elle pas brusquement et cruellement terminée à un âge où, chez les grands philosophes, la pensée continue à mûrir, avant de porter ses fruits les plus rares?

Nietzsche a nié l'obligation morale de croire en Dieu, il a nié aussi l'obligation philosophique de croire à ce qui le remplace (l'Inconnaissable, la chose en soi); mais il a omis de clairement s'expliquer sur le fond du débat. S'il voit dans le noumène un concept illusoire, c'est encore un peu à la façon positiviste : on ne saurait dire de la chose en soi qu'elle existe ou qu'elle n'existe pas. « Ce qui est nécessaire, écrit-il à ce propos dans le *Voyageur et son Ombre*, vis-à-vis de ces choses dernières, ce n'est pas le savoir opposé à la croyance, mais l'indifférence à l'égard de la croyance et du prétendu savoir en ces matières. » Littré n'eût pas mieux dit. Et ce n'est que plus tard, à l'époque où il formula sa conception du Retour éternel des choses, qu'il semble vouloir définitivement abandonner cette position équivoque.

En un mot, il y a chez lui comme une lutte incessante entre l'illusionnisme d'origine kantienne et le symbolisme aboutissant aux nouvelles vues *hyperpositivistes*. Il se rend compte que l'agnosticisme fraye la route à l'illusionnisme; mais au lieu de sacrifier les deux choses ensemble, il jette alternativement pardessus bord, tantôt l'une, et tantôt l'autre. Au surplus, dans les jugements habituels portés sur ce thème capital de la philosophie nietzschéenne, on oublie trop souvent le grand point de départ de celle-ci : l'affirmation de l'identité essentielle du Bien et du Mal, du Vrai et du Faux, du Beau et du Laid, etc., de l'identité, en somme, de tous les contraires surabstraits. Sous ce dernier rapport, nous croyons pouvoir revendiquer Nietzsche pour un des nôtres, pour un adepte du monisme logique ou conceptuel (18).

TROISIÈME PARTIE

LE SOCIOLOGUE

I

Les idées sociales ou morales de Nietzsche constituent la partie de beaucoup la plus neuve et la plus intéressante de son œuvre. Et pour orgueilleuse que puisse paraître, aux esprits doués des qualités qui font les « bons disciples », l'épigraphe placée en tête de la seconde édition de sa *Gaie Science*, elle s'applique surtout à l'innovateur en matière sociale : « J'habite, dit-il, ma propre maison, et je n'ai imité personne; aussi, je me ris de tout Maître qui n'a jamais ri de lui-même ».

Nietzsche est avide de changement. Les révolutions qui forcent les sociétés humaines à sortir des ornières du passé et les engagent sur des routes vierges, lui apparaissent comme des œuvres de salut social. « Il y a, écrit-il dans ses *Considérations inactuelles*, un degré d'insomnie, de domination, de *sens historique* qui nuit à l'être vivant et qui finit par l'anéantir, qu'il s'agisse d'un homme, d'un peuple ou d'une civilisation. » Dans les liens multiples qui rattachent l'individu au milieu social, actuel ou historique, il voit autant de chaînes pesantes et, d'ailleurs, le plus souvent vaines, n'atteignant que très imparfaitement le but qu'elles se proposent. Dès lors, sa vie d'écrivain aura pour tâche de relâcher, de briser, de faire tomber ces entraves.

Avec un courage que certains de ses prédécesseurs et de ses contemporains égalèrent, mais que personne, je pense, n'a surpassé, Nietzsche s'attaque à l'Histoire dans son ensemble, aux traditions augustes et vénérées, aux fortes fascinations grégaires, aux larges influences mésologiques. Il déclare et fait la guerre — une guerre ouverte et loyale — non pas à telle ou telle classe de jugements, de prénotions qu'il estime fausses, mais aux puissantes et vivaces racines communes de nos préjugés, aux grandes abstractions morales qui règlent, en dernière instance, la volonté et dirigent la conduite des hommes. Il soulève et bouleverse les couches profondes du sol historique qu'il compare d'ailleurs volontiers à un marécage stagnant, à un cimetière pestilentiel.

La sociologie de Nietzsche, comme j'ai déjà eu l'occasion de le dire dans mon *Ethique* (19), est fondée sur les trois postulats suivants : 1° que toute civilisation possède, pour l'avoir péniblement élaborée durant de longs siècles, une échelle ou une « table de valeurs » morales; 2° que la construction de telles tables et surtout la fixation des plus hautes valeurs constitue le fait le plus important de l'histoire universelle; et 3° que la libre critique des normes qui règlent la conduite humaine, ou ce que le vulgaire appelle l'irrespect, l'irrévérence ou encore le scepticisme moral, forme la condition *sine quâ non* de tout progrès du savoir éthique et de la moralité elle-même.

Ces postulats sont intimement liés entre eux et Nietzsche les considère comme des vérités évidentes, défiant la discussion. Je pense qu'il n'a pas tout à fait tort. Le premier point est un fait d'expérience universelle, le second tend à identifier (comme je l'avais déjà proposé dès 1876) la sociologie avec la morale, et le troisième enfin généralise, en l'appliquant aux recherches du sociologue, un principe méthodologique depuis longtemps admis dans toutes les branches du savoir expérimental.

Nietzsche, nous le savons, n'est pas resté sourd aux enseignements de la philosophie à la fois critique et positive du XIXe siècle. Mais si l'influence criticiste domine sa théorie du savoir, l'esprit positiviste s'affirme nettement dans ses principales conceptions sociologiques. Avec Comte, Nietzsche subordonne la sociologie à la biologie. Les processus physiologiques, les phénomènes vitaux forment, à ses yeux, la base solide qui supporte nos grêles superstructures sociales, la source cachée qui alimente le monde des concepts et des sentiments moraux. Le bonheur, sans lequel il n'y a pas de vertu, n'est, tout bien considéré, qu'un épiphénomène physiologique (20). Dans cette direction, Nietzsche va même plus loin que Comte; avec Guyau et quelques autres disciples libres de la philosophie positive,avec Spencer et l'école organique tout entière, il fait de la vie le principe essentiel et régulateur de la morale. Autant que possible, à l'explication sociale ou directe des faits moraux et des événements de l'histoire, il substitue leur explication biologique ou indirecte.

A part cette confusion qui nous frappe comme l'erreur la plus grave de sa sociologie, Nietzsche semble posséder une vue très claire aussi bien des obstacles de toute sorte qui obstruent le chemin du sociologue, que des moyens les plus efficaces pour les vaincre. Dans son livre *Par delà le Bien et le Mal*, écrit et publié, ainsi que nous l'apprend M. Lichtenberger, en 1886, il pose le problème sociologique dans des termes assez pareils à ceux que nous avions indiqués et recommandés dès 1876, dans nos *Notes sociologiques*, et en 1880, dans notre *Sociologie*. Ne déclare-t-il pas que, seuls, les matériaux bruts de la future science, les faits sociaux et leurs détails empiriques, abondent soit dans les écrits des historiens, des moralistes, des philosophes, soit dans les livres des poètes, des romanciers, des auteurs de tous les pays et de tous les temps qui firent de l'homme leur étude préférée? Ne demande-t-il pas, avec les principaux représentants de l'école expérimentale anglaise en psychologie, et avec Proudhon visant l'économie politique, qu'une *histoire naturelle* des faits sociaux serve de prolégomènes à la *science* correspondante? Ne préconise-t-il pas enfin un large usage, dans les études morales et sociales, de la *méthode descriptive*? Voici, d'ailleurs, à ce sujet, ses propres paroles : « Le sentiment moral est, maintenant, en Europe, aussi fin, aussi tardif, multiple, raffiné et délicat, que la science de la morale qui s'y rapporte est jeune, novice, lourde et d'un doigté grossier... On devrait reconnaître rigoureusement *ce qui*, pour longtemps encore, est nécessaire ici, *ce qui* provisoirement seul a droit de cité : à savoir l'assemblage des matériaux, la conception et l'aménagement d'un domaine énorme de sentiments délicats et de différenciations de valeurs qui vivent, croissent, engendrent et périssent; — peut-être des tentatives de rendre intelligibles le retour périodique et les diverses phases de cette vivante cristallisation, ceci comme une préparation à une *doctrine des types* de la morale. Jusqu'à présent on n'a pas été aussi modeste. Les philosophes exigeaient d'eux-mêmes quelque chose de plus haut, de plus prétentieux, de plus solennel, dès qu'ils s'occupaient de morale en tant que science : ils voulaient le *fondement* de la morale, et chaque philosophe a cru jusqu'à présent avoir fondé la morale. Combien se trouve loin de leur orgueil cette tâche de *description*, sans éclat en apparence, abandonnée dans la poussière et l'oubli, quoique pour cette tâche les mains et les sens les plus fins ne sauraient être assez subtils » (21).

Au surplus, la notion d'un psychisme collectif dû au « contact altruiste » et précédant, préparant la formation de l'individu social et de sa psychologie toujours concrète et, par là, autonome, cette idée elle-même n'est pas restée complètement étrangère à l'esprit de Nietzsche. N'affirme-t-il pas, par exemple, que « la joie du sentiment collectif ou de troupeau est plus ancienne que la joie de notre propre « moi »? « Tu », dit-il, est plus vieux que « moi ». Le professeur allemand Aloïsius Riehl, qui cite ce passage significatif, en conclut que l'individualisme poussé à ses limites extrêmes ne devrait pas être considéré comme la caractéristique dominante de la morale de Nietzsche. Un individualisme du même genre avait déjà marqué la morale antique, surtout celle des stoïciens dont l'éthique de Nietzsche se rapproche sur plus d'un point. Selon M. Riehl, Nietzsche avait déjà compris que l'individualisme, au sens habituel du mot, ne pouvait être qu'une étape intermédiaire sur le long parcours qui de la société, de la conscience et de la raison collectives conduit à son fruit le plus mûr, à la personne morale, à la conscience et à la raison individuelles.

II

Après Spinoza, Nietzsche est peut-être le penseur qui a le mieux saisi et le plus hardiment enseigné la nécessaire unité, l'identité essentielle des deux vagues tumultueuses qui sans cesse soulèvent et rident la surface paisible du vaste océan social; ou des deux larges et profonds courants qui poussent l'humanité tantôt vers les côtes fertiles mais escarpées du Bien, et tantôt vers les rives plates et désolées du Mal.

Nietzsche estime que le Bien est l'un des nombreux noms donnés par les hommes à la Force victorieuse. Or, la mécanique la plus élémentaire prouve, par un théorème éclatant d'évidence, que la réalité concrète ne connaît que des « résultantes » de forces. Et lorsque l'analyse, venant à décomposer celles-ci, nous fait voir des forces mâtées, subjuguées, détournées de leur cours ordinaire, elle prend bien soin de les qualifier de « potentielles ». Elle constate ainsi leur foncière identité avec la résultante qui les supprime *in ovo*, qui les empêche de naître à l'existence concrète, — cela précisément parce qu'elle les manifeste et les représente. Comprise de cette façon, nulle force ne peut subir de défaite; et une force vaincue apparaît comme une simple contradiction *in adjecto*.

En est-il de même du Mal par rapport au Bien? Le second terme ne doit-il pas servir uniquement pour désigner la force qui s'affirme, qui agit; et le premier pour dénommer soit la force déjà partiellement assimilée et manifestée par la résultante, soit celle qui, jusqu'à nouvel ordre et pour une part difficilement déterminable, demeure, pour ainsi dire, dans les coulisses de la vie ou les limbes de l'histoire? Le Mal, dans cette conception, serait ou un simple ingrédient du Bien, ou une chose inactuelle, latente et qui, appelée éventuellement à se réaliser, se transforme nécessairement en Bien.

Telle est la conclusion plus qu'optimiste qui semblerait devoir logiquement découler des prémisses posées par Nietzsche et surtout de sa frappante définition de la vertu. Mais Nietzsche se garde bien d'y aboutir. Et, sur ce point, on ne peut que lui donner raison.

La sociologie et la morale sont encore à cent lieues de la perfection abstraite atteinte par la mécanique. Elles ne sauraient, par suite, affirmer catégoriquement que le Bien seul appartient à l'ordre réel, tandis que le Mal, identique par essence au Bien, rentre dans la classe des fictions pures; ou, en d'autres termes, que le concept posant l'être absorbe nécessairement son contraire surabstrait.

En somme, ce que Nietzsche a tenu par-dessus tout à mettre en évidence, c'est l'antériorité et, par conséquent, la suprématie historique de la Force. Pour lui, ce qui existe et commande *ab initio*, c'est la force intégrale qui comprend la force surorganique (l'esprit) aussi bien que la force organique (la vie) et qui, par les muscles et les nerfs, par la volonté et la connaissance, s'adjoint, en les soumettant à son joug, toutes les autres forces naturelles. Le Bien et le Mal sont de simples conclusions logiques tirées des divers aspects de la force intégrale : le Bien est ce que nous acceptons comme étant favorable à celle-ci, et le Mal, ce que nous rejetons comme contraire à sa nature.

Cette façon de comprendre la genèse du Bien et du Mal nous paraît aussi plausible que la doctrine qui tend à faire rentrer l'une de ces idées dans l'autre. Mais elle possède, à un degré moindre, le même défaut. Elle est trop sommaire ou trop globale, si l'on peut parler de la sorte, pour l'état actuel de la sociologie. Elle demeure, par suite, un peu superficielle. La force telle que l'entend Nietzsche constitue encore l'un de ces agrégats concrets que l'analyse scientifique a pour premier devoir, avant toute synthèse, de décomposer, de réduire en leurs éléments.

Mais cette œuvre de dissection répugnait trop au respect quasi superstitieux que Nietzsche portait à toutes les formes de la vie. Il ne voyait pas qu'avec son procédé favori, imité de la nature, avec sa manière d'envisager les choses en bloc, telles qu'elles se passent en réalité, nulle science abstraite n'est possible, ni la chimie séparée de la physique, ni la biologie distincte de la chimie, ni la sociologie différenciée de la biologie. Aussi les plus captivantes théories de Nietzsche et de ses disciples subissent-elles le contre-coup de cette erreur de méthode : elles s'offrent constamment comme un simple amalgame de faits et de vues empruntés à la fois au savoir social et à la science de la vie.

En définitive, dire que la force intégrale, simultanément adéquate à la force matérielle et à la force surorganique, est antérieure au Bien, au Droit, à la Justice (et corrélativement au Mal et à l'Injuste), cela équivaut à constater que la cause complète et multiple précède l'effet singulier; c'est proférer un truisme évident. Et affirmer que la force ainsi définie est supérieure au droit, cela revient à dire, en termes équivoques, que le tout est plus grand que sa partie. On aboutit, d'ailleurs, au même résultat en restituant au terme de force son sens mécanique, devenu véritablement surabstrait. Car l'idée de force pure et son substitut, l'idée de mouvement, s'appliquent de nos jours aussi bien aux phénomènes complexes qu'aux phénomènes simples.

Mais la thèse change lorsque, au lieu de perdre son temps à dévider l'écheveau des généralités unanimement admises (à venir nous dire, par exemple, que la vie, la chimicité, la chaleur, la pesanteur forment autant de conditions préalables, nécessaires à l'éclosion du plus simple fait social), on se demande si, à côté ou à la suite des phénomènes psychophysiques déjà compris sous le terme de vie, il n'y aurait pas place pour un groupe de faits intermédiaires entre la pure cérébralité biologique et les manifestations complexes de la raison, de l'intelligence individuelle?

Une hypothèse affirmative, posant l'antériorité d'une forme nouvelle d'énergie, la socialité, la cérébration à distance, l'interaction, dans le temps et l'espace, des forces psychiques simples engendrant les divers rapports du « moi » à « autrui » et déterminant la formation des divers esprits collectifs (de famille, de classe, de groupe, de nation etc.), une pareille hypothèse — pourvu qu'elle se montre capable d'interpréter d'une façon satisfaisante certaines catégories de faits — rendrait à la sociologie de nombreux et utiles services; des services analogues à ceux que des hypothèses d'apparence tout aussi illusoire et également dépourvues de toute sanction expérimentale directe, par exemple, la théorie de la pesanteur, celle de l'éther, la théorie atomique ou encore la récente stéréochimie de MM. Lebel et Van T'Hoff ont déjà rendus à bon nombre de sciences exactes. Une semblable hypothèse pourrait, entre autres choses, éclairer ce point : pourquoi l'esprit de l'homme doit-il, de toute nécessité, à côté ou à la suite des diverses branches du savoir qui relèvent du seul principe de causalité, donner naissance à une discipline spéciale régie par le critère de la finalité, à une « axiologie » des rapports sociaux, à une science du Bien et du Mal?

III

Nous sommes tentés de faire à la conception fondamentale de Nietzsche un autre reproche.

Les idées qui meublent nos cerveaux sont, on l'admet, plus ou moins claires et nettes, plus ou moins vives et pressantes. Or ces différences d'intensité, transformées par nous en différences de qualité, prennent en outre, à nos yeux, l'aspect d'un conflit, d'une *lutte* pour la suprématie, pour la domination. Nous appliquons aux espèces idéologiques la métaphore qui nous avait déjà servi — tout aussi improprement peut-être — pour caractériser les différents degrés de vitalité des espèces et des individus zoologiques dont les uns résistent, survivent, et les autres succombent au même total de circonstances défavorables.

Notre logique, toujours dualiste (fondement de la loi de l'identité des contraires), nous induit à ranger les concepts et les sentiments qui dirigent notre conduite sous deux grandes rubriques : les forts, les vigoureux, destinés à se propager et à durer, — nous les appelons le Bien; et les chétifs, les malingres, condamnés finalement à disparaître, — nous les désignons par le terme de Mal. Le Bien est représenté dans tout groupe social par la variété idéologique qui y prédomine, qui s'y épanouit librement parce qu'elle s'accorde ou s'adapte le mieux, comme on dit, aux conditions ambiantes; et le Mal y est représenté par la variété idéologique dont l'existence demeure précaire, exposée à tous les risques.

Cela est si vrai que selon une règle qui ne souffre presque guère d'exception, les idées encore neuves et vraiment originales frappent l'esprit des foules comme un mal (misonéisme). Mais ces idées peuvent posséder une vitalité latente énorme, elles développent parfois une force d'adaptation au milieu qui va jusqu'à la transformation radicale de celui-ci. Voilà donc une grande classe idéologique où le Mal devient sous nos yeux, et manifestement, le Bien. Mais l'*ancien* Mal peut à son tour, par suite de changements survenus dans le milieu ou pour toute autre cause, récupérer sa première vigueur; lui aussi se transforme alors en Bien; et d'habitude, quoiqu'il n'y ait là rien d'absolument nécessaire, ce processus s'accompagne de la transmutation inverse de l'ancien Bien en *nouveau* Mal.

L'afflux d'espèces idéologiques nouvelles, — surtout lorsqu'il est suscité ou soutenu par des changements mésologiques profonds qui ont pour effet d'invigorer quelques espèces idéologiques anciennes groupées sous le signe du Mal, — crée cet ensemble de faits, cette situation que les esprits chagrins et pessimistes (et ce qui les rend tels, c'est précisément le nouvel état de choses qui renforce leur misonéisme naturel) dénoncent sous le nom de *Prépondérance du Mal.* Et c'est à ce propos que les oies vigilantes du Capitole crient à la décadence, à la pourriture, à l'immoralité envahissant la scène de l'Histoire.

Certes, jugée par les criteriums anciens, l'immoralité est inévitable, certaine. Mais elle constitue en même temps, et forcément, la moralité nouvelle qui germe et qui perce. Ce que nous appelons le *progrès social* consiste en cette suite de processus transformatifs.

Un rythme lent, insensible, est seul, d'ordinaire, qualifié de moralisation, de perfectionnement moral. Un rythme très accéléré semble, au contraire, à la plupart, une sorte de déchéance, une victoire du Mal, une démoralisation. Et alors, pour que la vérité opposée, la victoire du Bien, éclate aux yeux de tous, il ne faut rien de moins qu'une révolution dans les faits, c'est-à-dire un changement tout aussi rapide dans les conditions externes du milieu (d'où l'utilité et quelquefois l'urgence des grandes convulsions économiques et politiques). Bossuet — M. Brunetière me pardonnera de citer à mon tour l'Aigle de Meaux — a trouvé cette jolie image : « Quand Dieu efface, c'est qu'il s'apprête à écrire ». Laissons Dieu où il est, dans les limbes vagues du futur, selon Renan, dans les brumes fuyantes du passé, selon nous, et ne faisons pas intervenir son premier ministre panthéiste, l'Univers et ses lois à la fois unes et multiples; mais contentons-nous de traduire le langage du XVIIe siècle en celui du XXe, et disons : quand une chose disparaît, c'est qu'une autre est déjà là qui attend pour prendre sa place.

Nietzsche nous dépeint d'une façon quelque peu différente les fluctuations, la marche tantôt progressive et tantôt régressive des concepts moraux qui gouvernent la conduite des hommes. Il pousse volontiers le tableau au noir. Il parle d'une lutte à outrance, d'un combat féroce et meurtrier où les adversaires, le Bien et le Mal, s'entre-dévorent depuis des milliers de siècles. Cette guerre ne cessera sans doute jamais, car, sociale en apparence, elle est vitale ou biologique au fond. Tous nos actes ne sont-ils pas gouvernés, en fin de compte, par nos instincts, parmi lesquels le rôle principal appartient à l'obscure poussée combative et dominatrice, à la tendance de tout être vivant à augmenter sa force aux dépens de celle d'autrui?

La « Volonté de puissance » se voit ainsi élevée au rang de dernier principe explicatif commun à la biologie et à la sociologie. La vie organique ne reste pas seulement la base, le support, la matière première et informe de la vie sociale, elle en devient la quintessence, la trame déjà tissée, la vraie synthèse supérieure. On ne saurait pousser plus loin le *biologisme*, l'erreur de méthode qu'Auguste Comte caractérisait comme un renversement de l'ordre hiérarchique dans lequel apparaissent et se développent ou se compliquent les phénomènes.

Dans sa *Généalogie de la Morale*, l'une de ses meilleures œuvres, où il s'efforce de vulgariser la loi de constante mutation subie par nos critères moraux, Nietzsche laisse échapper cet aveu mélancolique : dans la balance qui sert à peser les valeurs morales, le poids du Mal l'emporte depuis longtemps, dans le monde, sur celui du Bien. Cette vue morose va à l'encontre des tendances générales de la philosophie de Nietzsche, qui sont plutôt optimistes; mais elle s'accorde avec son biologisme persistant. La prépondérance nécessaire du mal dans la nature s'explique, en effet, fort bien, une fois qu'on pose en axiome la suprématie du phénomène vital sur les autres formes de l'énergie universelle. Car, — ainsi que l'a déjà finement observé le vieux Schleiermacher (22), — placés en face de l'immuable hiérarchie des forces naturelles, nous nous attendons toujours à ce que la force simple, élémentaire et, en ce sens, inférieure, laisse le champ libre à la force plus compliquée et, en ce sens, supérieure. Et lorsque à l'un quelconque de ces degrés hiérarchiques nous constatons une action inverse, nous sommes tout prêts à parler de rébellion, tantôt partielle, et tantôt totale, des formes inférieures de la force cosmique. Nous forgeons, pour exprimer notre désappointement, ce terme, sinon complètement inepte, du moins terriblement équivoque : l'*anormal*, l'exceptionnel (le phénomène ne violant jamais sa loi, nous attestons par là simplement notre conception incomplète, inadéquate du phénomène). C'est ainsi, pour ne pas aller chercher loin un exemple, que nous désignons comme pathologiques tous les processus physiques et chimiques qui, dans les organismes, tendent à déprimer, à amoindrir l'activité vitale. Pareillement (surtout à notre époque) nous qualifions de maladie toute irruption sérieuse de la vie végétale plus simple dans la sphère de la vie animale plus complexe. De même enfin, nous donnons volontiers le nom de mal moral à tout ce qui, de près ou de loin, ressemble à une révolte des forces brutes de la vie physiologique (passions purement animales) contre l'intelligence, la raison, les exigences sociales, les besoins surorganiques. On comprend dès lors, sans que j'y insiste davantage, comment et pourquoi l'exhaussement, l'exaltation excessive de la vie organique aux dépens de la vie intellectuelle a dû conduire Nietzsche tantôt à la glorification, sous le nom de Bien, de certaines attitudes moralement indifférentes, et tantôt à l'involontaire confession que le Mal, en définitive, domine le Bien.

Sans doute, Nietzsche n'appartient pas à l'école organiciste en sociologie. Il ne tombe pas dans les défauts visibles, les excès, le dogmatisme prétentieux des principaux représentants de ce groupe. Mais il a subi les mêmes influences ambiantes, et il n'a pas su résister à l'ascendant naturel pris par la jeune et prospère biologie sur sa cadette arriérée, la science sociale. A son tour, il veut ramener les faits moraux à leurs origines organiques. Mais entre temps il confond si bien racines et fleurs qu'il finit par nous donner une vague définition de la vie : « ce qui veut toujours se dépasser soi-même », qui est une précieuse définition de l'esprit.

Les disciples — comme c'est la règle — renforcèrent l'erreur du maître. Celui-ci a des hésitations et des scrupules (qu'on lui reproche comme des contradictions); ceux-là n'hésitent jamais. Nietzsche, par exemple, fait de la marche au « surhumain » l'unique fondement de toute obligation morale : il réduit par là, en réalité, le moral à l'intellectuel, selon une formule déjà ancienne qui eut des défenseurs à toutes les époques et qui trouve sa contrepartie dans la réduction plus récente de l'intellectuel au moral ou social. Mais ses disciples ne se laissent pas prendre à de tels pièges puérils tendus par l'Instinct de connaissance à son irréductible adversaire, l'Instinct vital. Ils s'efforcent à nous prouver l'astuce supérieure — pourquoi pas la raison? — de l'Instinct vital qui se rit des ruses de l'Instinct de connaissance et triomphe sur toute la ligne. Pour eux, l'homme aveuglé par ses passions, hypnotisé par ses croyances fausses, voilà le héros authentique, le porte-paroles autorisé de la vie. Or, ce qu'on prend ici pour une victoire de l'animalité sur la socialité, de la vie sur la connaissance, ne possède nullement ce caractère. L'ilote ivre n'est pas un spectacle fait pour décourager l'homme vertueux. Chaque fois qu'une passion bestiale se déchaîne, qu'un crime lâche et stupide se commet, — et tous les vrais crimes sont lâches et stupides, — le mal se *manifeste*, il se *différencie* du bien. Mais cette différenciation, loin de desservir les intérêts de la connaissance, leur profite (quelquefois même déjà chez le criminel, où elle prend la forme du remords).

Le mal réalisé s'atténue de toute la valeur du gain expérimental que notre savoir en retire. La vie physiologique peut devenir l'enjeu de ce progrès de la connaissance dont, ordinairement, elle n'est que le témoin. Quant aux séductions, aux embûches de la nature pour propager et fortifier la vie animale aux dépens de l'existence morale, ces fleurs de rhétorique semblent terriblement fanées aujourd'hui. L'appétence sexuelle — visée surtout par ces sortes d'allégories — est soumise aux mêmes lois que tous nos autres désirs. Elle exprime, suivant les cas, soit notre ignorance, soit notre connaissance des rapports réels entre les phénomènes. Et ce qu'on appelle son pouvoir de déformer la vérité (son aptitude à nous illusionner, à nous induire en erreur) ne lui appartient pas en propre. Elle l'exerce par simple procuration. C'est notre profonde ignorance sociologique qui, inspirant et commandant encore, de nos jours, chez la majorité des hommes, le désir sexuel, l'investit de ce simulacre de pouvoir. Il nous semble, par suite, — et nous nous hâtons abusivement de le proclamer ainsi qu'une solution du problème d'amour qui ne souffre guère d'exception — que « quand deux passions vraies se rencontrent, c'est à travers une double déformation de la réalité objective que les amants s'étreignent en s'ignorant » (23).

IV

Représenter la « volonté de puissance » comme un instinct purement organique, c'est se contredire dans les termes, c'est commettre un illogisme. Loin d'être la cause originelle des phénomènes sociaux les plus simples, cette volonté en est le produit direct. L'idée de supériorité ou de commandement dépasse la pure notion d'exercice de la force. Elle est, elle demeurera toujours un non-sens en physique, en chimie ,en biologie. Elle acquiert pour la première fois une signification précise dans le domaine des faits complexes étudiés par le sociologue. Elle est la fille légitime du contact interpsychique qui, faisant jaillir le rapport fondamental entre « moi » et « autrui », donne naissance à une longue série de « besoins » fondés sur ce rapport, et de « volontés » correspondantes à ces besoins. Cette série commence par le besoin et la volonté de connaître dans leur détail (science), et de comprendre dans leur ensemble (religion, philosophie) la nature et l'humanité; elle se continue par le besoin et la volonté de choisir, parmi les vérités particulières ou générales déjà acquises, celles qui, revêtues d'apparences à la fois réelles ou concrètes et fictives ou symboliques (art), exhaussent notre joie de vivre, nous délassent, nous délivrent de nos soucis, nous rendent plus aptes à un surcroît de travail ou de peine; elle se complète et se clôture enfin par le besoin et la volonté de *pouvoir*, — de transformer en actes nos pensées et nos émotions les plus intimes, d'extérioriser, de matérialiser nos connaissances, d'affiner sans cesse, en les exerçant, nos choix ou nos goûts esthétiques.

Nos actes traduisent en signes extérieurs et visibles la longue suite inaperçue de causes et d'effets qui les précèdent et les conditionnent. Et cela suffit, aux yeux d'une grosse majorité de sociologues (économistes aussi bien que juristes et historiens), pour sévèrement proscrire, du champ de leurs recherches, tout ce qui ne possède pas ce caractère apparent et, en ce sens, matériel. Ces investigateurs abandonnent les faits antécédents aux psychologues. Ils croient, de cette façon, fonder une sociologie *objective*. Ils ont tort et raison à la fois.

Ils ont tort, parce que l'étude des seuls effets, à l'exclusion de leurs causes immédiates, ne peut, dans aucune branche du savoir, remplacer l'étude simultanée des facteurs et des produits. C'est là une *diminutio capitis* à laquelle nulle science digne de ce nom ne saurait consentir pour longtemps. Et ils se trompent encore s'ils croient que le psychologue pourra à la longue accepter le partage; qu'il pourra se passer de l'éclatante lumière versée sur les processus psychiques par les actes qui les expriment et les exemplifient, pour se renfermer dans l'analyse — nécessairement stérile ou vaine en de telles conditions — des motifs dont s'inspirent de tels actes.

D'ailleurs, si mon hypothèse *bio-sociale*, qui considère l'esprit de l'homme associé avec ses semblables comme le produit combiné des forces biologiques (psychophysiques) et des forces sociales, ou qui voit dans l'intelligence la *fille de la cité*, selon l'image employée par M. Izoulet, si mon hypothèse, dis-je, possède le moindre fondement réel, il est clair que le sociologue et le psychologue doivent non pas entrer en lutte et empiéter l'un sur le domaine de l'autre, mais fraternellement composer ensemble, mais sectionner ou dédoubler à l'amiable le même vaste champ d'observations. Cela n'est pas impossible si chacune de ces deux classes de savants prend la ferme résolution de borner ses recherches à l'un des deux aspects fondamentaux offerts par tous les phénomènes naturels : le point de vue *abstrait*, l'examen de tel ou tel élément constitutif et comparativement simple d'une catégorie de faits, et le point de vue *concret*, l'examen du fait intégral, de la combinaison des divers éléments qui composent le fait. L'astronome, le physicien et le chimiste étudient tour à tour les différentes formes ou faces de l'énergie universelle qui met le monde en mouvement; mais cela empêche-t-il le météorologiste ou le géologue de venir à leur suite, et se basant sur leurs découvertes, réobserver, dans certains agrégats naturels (atmosphère, globe terrestre), l'action combinée des forces « matriciales » ou élémentaires? Pareillement, le psychologue de l'avenir s'appuiera des analyses et des découvertes du biologiste et du sociologue pour réétudier, dans l'individu, produit des influences vitales et sociales, le jeu combiné de ces forces prémouvantes. La sociologie se pourra alors brièvement définir comme une psychologie abstraite, et la psychologie comme une sociologie concrète.

Mais d'autre part, ainsi que nous l'avons dit plus haut, les sociologues modernes ont en partie raison quand ils attribuent une valeur hors ligne au dernier degré dans l'échelle des facteurs sociaux, au terme ultime de la série intellectuelle. Cette série, répétons-le encore une fois, embrasse quatre vastes divisions mentales : le besoin *analytique* et la volonté de connaître les choses dans leur diversité; le besoin *synthétique* et la volonté de saisir le monde dans son unité; le besoin *esthétique* et la volonté de reproduire, de « recréer » symboliquement les réalités concrètes dispensatrices de jouissances « contemplatives »; enfin le besoin *pratique* et la volonté de pouvoir, c'est-à-dire, en somme, de faire aboutir, d'utiliser, en les pliant à toutes sortes de fins (et en premier lieu aux fins physiologiques qui nous harcèlent sans cesse), les trois volontés précédentes.

De ce *besoin pratique* l'école de Marx a fait le pivot de sa sociologie collectiviste; et de cette *volonté de puissance* Nietzsche et ses disciples ont fait le noyau central de leur sociologie individualiste et quelque peu anarchique. Si c'est là une erreur, est-elle aussi complète qu'on l'affirme, et comment des esprits fins et sagaces ont-ils pu y glisser?

Rien ne vaut comme de s'entendre. Un sentiment vague nous prédispose à accorder aux actes où s'exprime notre puissance sur le monde, une sorte de primauté par rapport au reste des phénomènes sociaux. Mais notre raison ne tarde pas à intervenir. Elle nous autorise, à son tour, à envisager le besoin pratique et la volonté correspondante ainsi que deux *motifs* toujours présents qui nous incitent d'abord à rechercher la vérité sous ses aspects variés et variables à l'infini, y compris l'aspect social auquel les hommes donnent le nom de Bien; qui ensuite nous engagent à poursuivre d'un effort sans cesse renouvelé l'harmonieuse concordance de nos principales conceptions; qui enfin nous poussent vers nos rêves inconstants de Beauté. Et le caractère pressant de ces motifs croît aux yeux de la raison dans la mesure exacte où celle-ci se refuse à accorder à la Vérité, au Bien, à la Beauté une valeur tant soit peu différente de celle qui appartient à leurs résultats inévitables, aux effets que la Vérité, le Bien et la Beauté ne manquent jamais de produire. Il y a, dit à ce propos Nietzsche, autant de déraison que d'hypocrisie dans ces exhortations terriblement banales : « Il faut faire le bien parce que c'est le bien, aspirer à la vérité pour l'amour de la vérité; la vie de l'homme ne vaut que dans la mesure où il subordonne son intérêt particulier à ce but idéal; il doit au nom de l'idéal comprimer ses instincts personnels » etc., etc. L'homme qui raisonne de la sorte, conclut Nietzsche, et qui agit en conséquence, est à la vérité poussé, lui aussi, par un instinct, car l'instinct est le mobile dernier de tous nos actes; seulement, cet instinct est *perverti* (24).

Tout au plus *inverti*, dirons-nous; et cela aussi bien dans le cas visé par la verve ironique de Nietzsche que dans celui qu'il signale lui-même comme normal et où la volonté de puissance s'épanouit sans aucune espèce d'entraves. L'inversion est due à une méthode de notre esprit, la *finalité*, qui consiste à envisager l'effet nécessaire d'une cause opérante comme un but sollicitant cette cause à agir, comme un motif l'incitant sans cesse à renaître. Ce procédé est une sorte de revanche que l'esprit prend sur la matière, une victoire, non pas de la liberté sur la nécessité, comme on l'a cru longtemps, mais du surorganique, avec sa détermination complexe, sur le vivant et l'inorganique, avec leur déterminisme plus simple.

La sociologie est la seule science où la finalité, le point de vue téléologique se puisse rationnellement admettre. Le principe de l'identité de la cause et de l'effet, qui se vérifie dans toute la nature, se montre ici à la fois plus prégnant et plus subtil. Arrivés à ce point extrême de complexité, devenus surorganiques, les phénomènes se dédoublent, comme partout ailleurs, en causes et en effets; mais cette séparation les touche encore dans un sens inverse : les choses rationnelles prennent à nos yeux, d'une part, l'aspect de buts ou de fins, et de l'autre, celui de moyens suscités par les fins pour atteindre leur propre réalisation. La *cause finale* apparaît et se range pour la première fois à côté de la cause efficiente. Mais loin de détrôner, d'abolir celle-ci, comme l'enseignèrent pendant des siècles les partisans du libre arbitre, du *fiat ex nihilo*, elle tend à la fortifier, à lui venir en aide, à lui faciliter sa gestation, ses couches laborieuses. Sous peine de retomber dans les puérilités d'une scolastique obscure et équivoque, le sociologue ne devra jamais oublier cette vérité. Il ne devra jamais, par suite, se satisfaire des seuls constats finalistes ni renoncer à la recherche des causes des phénomènes. Il ne devra pas sacrifier la vérité *objective* à la vérité *subjective*. Celle-ci ne doit lui servir qu'à trouver celle-là.

Voici, par exemple, rapprochés, placés côte à côte, le besoin et la volonté de connaissance et le besoin et la volonté de puissance. Où, dans ce couple, est l'ancêtre et où le descendant? Si Nietzsche n'a pas tort de croire que « rechercher le vrai et le bien pour eux-mêmes » constitue un illogisme inconscient, s'il a raison, en outre, d'admettre qu'une telle recherche est due « à la volonté de puissance tendant à agrandir sa domination », le problème se trouve du coup résolu. Car en posant la volonté de puissance comme un but toujours offert à nos efforts, en découvrant son caractère de cause finale, nous dévoilons en même temps sa nature objective d'effet nécessaire, de conséquence inévitable engendrée par les moyens mêmes — le besoin et la volonté de connaître — qui servent à sa réalisation.

Il n'y a donc pas lieu de suivre Nietzsche dans l'impasse où il nous conduit : nul motif raisonnable n'existe qui eût pu nous induire à violemment contraster entre elles, en les condamnant à une lutte permanente, la volonté de puissance et la volonté de connaissance; et tout nous oblige, au contraire, à envisager ces deux groupes de faits comme deux phases successives, comme deux moments connexes d'une seule et même évolution. Dans celle-ci, les actes qui manifestent la volonté de puissance nous frappent comme l'aboutissement constant et visible à l'œil nu d'un processus évolutif très intime, d'une concaténation infiniment moins apparente de causes et d'effets.

V

Certains disciples de Nietzsche louèrent hautement leur maître d'avoir nié la nécessité ou même la possibilité d'une morale universelle, vraie de tous les temps et de tous les lieux. Mais leur zèle ne les emporte-t-il pas trop loin, et ne sacrifient-ils pas, ici encore, l'esprit vivant de la doctrine qu'ils interprètent à sa lettre morte?

Les hommes se donnent leur bien et leur mal, ils ne le reçoivent pas du dehors; l'obligation morale ne se place pas au-dessus de notre gré; nos instincts n'obéissent, chacun, qu'à leur loi propre. Nietzsche pose ces prémisses. Mais en doit-on conclure l'inexistence d'un savoir moral abstrait pareil en tous points au savoir physique, chimique ou biologique? Ce serait traiter les faits moraux en phénomènes dissemblables par essence au reste des choses. D'ailleurs, le terme « d'instinct » ne convient qu'à une partie des motifs qui dictent aux hommes leur conduite. Dans l'individu soumis à l'influence du milieu social, un *subjectivisme* aussi exclusif n'est plus guère admissible. Dès l'aube de la culture, des *objec-*

tivités, des idées, des connaissances surgissent du contact intercérébral et arrêtent, modifient ou remplacent les impulsions purement émotives.

Pour Nietzsche, la loi morale est dépourvue de toute sanction intrinsèque. Ce qui l'investit à nos yeux d'un caractère obligatoire, c'est qu'elle représente toujours un équilibre de forces qui se tiennent mutuellement en respect. Or dès qu'un seul et même équilibre dure et persiste au cours des changements apportés par l'histoire, nous tombons dans l'illusion d'une morale unique, commune à tous, universelle. Zarathustra se moque de la taupe et du nain répétant sans cesse : Bien pour tous, mal pour tous. Il oublie que l'équilibre — d'ailleurs instable — des forces psychiques, qui constitue le fond de la loi morale, résulte d'une longue filiation objective, d'un enchaînement rationnel de nos diverses connaissances. « Cela est maintenant *mon* chemin, dit encore Zarathustra; où est le vôtre? Voilà ce que je répondais à ceux qui me demandaient « le chemin ». Car *le chemin* n'existe pas. »

Toute chose vivante se crée son propre bien et son propre mal. Oui, mais ceci doit-il empêcher l'esprit d'observer les ressemblances et les dissemblances entre ces biens et ces maux si divers, et d'arriver ainsi à découvrir les lois de leur formation ?

Ce que Nietzsche appelle l'instinct de puissance ou de grandeur n'est pas une chose concrète, mais une idée générale qu'il tend à rendre universelle; et tout ce qui sera le bien ou le mal au regard de cette idée, participera manifestement du même caractère. On en peut juger par la norme suprême de la morale selon Nietzsche, qui est digne de prendre rang à côté de la fameuse règle promulguée par Kant au nom du sentiment social de justice (ou d'égalité), et de celle dont Buddha et le Christ se firent les défenseurs au nom des sentiments de charité et d'amour. Voici cette règle telle que la formule un disciple. Le Bien, c'est tout ce qui est propre à tendre la volonté, à la rendre plus forte, à la soulever vers le haut. « Notre route, dit Zarathustra, va vers en haut, de l'espèce à l'espèce supérieure. » Et le Mal, c'est tout ce qui est de nature à affaiblir la volonté, c'est tout ce qui décèle un amoindrissement de l'énergie. « Quelle chose, demande Zarathustra, nous semble mauvaise et la plus mauvaise de toutes? N'est-ce pas la dégénérescence? » (25) C'est la large généralité ou même l'universalité des grandes règles morales successivement posées par le Christ, par Kant et par Nietzsche, qui constitue à la fois leur vérité et leur beauté.

Peut-on sérieusement blâmer Nietzsche d'avoir défini la morale : une « attitude d'utilité » prise par un « tempérament »? Je ne le pense pas. Sa définition, au contraire, me semble singulièrement appropriée à l'état actuel de nos connaissances sociales. La phase inchoative de toute science se révèle par la confusion constante entre la pratique, la satisfaction immédiate de nos besoins, et la théorie, la recherche des moyens efficaces, de la ligne la plus courte qui conduit à la solution des problèmes soulevés par l'expérience journalière. Toutes les sciences sans exception ont traversé cette phase. Les mathématiques et la physique furent elles-mêmes un jour de simples « attitudes d'utilité » caractérisant des mentalités diverses. A une époque très reculée, mais déjà sortie de la préhistoire, il y eut autant de géométries que de géomètres, et autant de physiques que de physiciens; car la pratique se confondant avec la théorie, chacun était alors nécessairement son propre géomètre et son propre physicien. A une époque plus rapprochée, la chimie et la biologie, ou la médecine qui la représentait, ne furent guère autre chose que des « arts » sans règles fixes et universellement admises. Et aujourd'hui encore chacun de nous n'est-il pas un peu son propre médecin et son propre météréologiste? Pourquoi donc reprocherions-nous à Nietzsche le simple constat d'une vérité qui crève les yeux : qu'il y a actuellement — *tot capita, tot sensus* — autant de sociologies que de sociologues, et autant de morales que de moralistes? Les meilleurs esprits ne confondent-ils pas sans cesse la sociologie avec la politique, et la morale avec la moralité? Or la politique comme la moralité ne sont pas encore de vastes technologies basées sur des sciences mûres, mais bien des fractions, des bribes de connaissances empiriques qui varient, quantitativement et qualitativement, d'un individu à un autre. Politique et moralité, en de telles conditions, se définissent d'une manière exacte ainsi que des attitudes téléologiques (l'utilité n'étant qu'un cas de la finalité) qui tantôt rapprochent et groupent ensemble, et tantôt éloignent et séparent entre eux les divers tempéraments individuels composant une société.

Toutefois, un pareil empirisme ne saurait prétendre à une durée indéfinie. Du choc aveugle des consciences, ou des tempéraments, selon la terminologie de Nietzsche, répété durant des siècles, maintes observations, maints enseignements précieux ont jailli. Et déjà on les rassemble, on les met en ordre, on les classe, on les médite. Le sociologue se sépare du politique, et le moraliste de l'individu moral. Et ces deux couples tendent à se reformer en sens inverse. Le sociologue se rapproche de plus en plus du moraliste, et le politique de l'homme moral. Des théories, des hypothèses vagues et qui, à première vue, semblent invérifiables, émergent du travail obscur des intelligences. Ces nébuleux essais spéculatifs succédant aux tâtonnements pratiques avertissent le chercheur qu'il doit, avant tout, se munir d'une bonne méthode d'investigation. Celle-ci seule pourra le préserver du gaspillage de sa principale richesse, le loisir dont il dispose (25 *bis*).

VI

Le concept du *surhomme* forme le point culminant de l'évangile moral promulgué par Nietzsche.

Très admirée, portée aux nues d'une part, cette thèse déchaîna, de l'autre, sur son auteur, les foudres des plus excessives censures (26). Tel est le sort habituel des cimes élevées et des pensées un peu hautes.

Nous ne nous occuperons, ici, ni des enthousiasmes, ni des mépris faciles. La théorie du surhomme — à la fois hypothèse et symbole — mérite, à plus d'un égard, qu'on l'examine sans parti pris.

L'hypothèse date de loin : c'est la conjecture, qui excita le zèle de Condorcet et contribua à fonder le socialisme, d'un *progrès infini* du genre humain. Le symbole a une origine plus récente. L'avènement du *surhomme* marque la chute irrémédiable des idées morales dont se glorifie l'*homme* contemporain. Et c'est aussi le signe qui rallie les initiés aux périlleux mystères de la liberté morale reconquise. Né de l'idée de perfectibilité sans bornes de la nature humaine, le surhomme signale la modification la plus urgente qui, coûte que coûte, devra s'accomplir dans cette nature.

Nietzsche ne cesse jamais de glorifier l'*instinct* de grandeur (ou de puissance) aux dépens de l'*esprit* de lourdeur. Le premier terme s'offre chez lui comme un synonyme de l'idée de mouvement aisé et rapide, de course légère vers l'horizon inconnu ; et le second comporte le sens opposé d'arrêt dans la marche, de piétinement sur place, de stagnation. Sans doute, on peut lui objecter son étrange terminologie, et l'on peut croire qu'il eût été mieux inspiré si, continuant à louer la grandeur et à dépriser la lourdeur, il avait rattaché la première à cette chose plus haute, l'esprit, et la seconde à cette chose plus basse, l'instinct. Mais, à part cela, la philosophie de Nietzsche contient un superbe appel aux forces de l'avenir et une constante leçon de courage. « Partout, dit très bien l'un de ses disciples, où le mouvement de la vie se ralentit, partout où se manifeste une déperdition de l'énergie, cette philosophie est propre à relever le pouls défaillant des activités. Elle apporte avec elle un principe d'accélération et un pouvoir de frénésie, elle est le moyen d'exaltation le plus efficace... Elle est la chanson de gestes de la vie célébrant la beauté, la force et l'agilité de son élan sans fin » (27).

Hanté, comme tant d'autres contemporains, par la vision d'une humanité surmenée et déjà lasse, Nietzsche semble avoir sérieusement appréhendé un retour offensif, une victoire possible de l'antithèse vivante du progrès, l'esprit de lourdeur, *mon ennemi-né*, déclare Zarathustra. Cette crainte le talonne, elle ne lui laisse pas un instant de répit. Tout plutôt qu'un pareil avachissement, qu'une semblable honte :

le progrès par force, s'il le faut, la perfection du petit nombre, les deux morales, la suprématie violente de l'élite.

Sans doute, Nietzsche se demanda plus d'une fois : comment s'effectue le progrès, comment s'atteint la perfection, à quel prix se fabrique l'idéal et que coûte le surhomme? A cette question il trouva une réponse toute prête dans la théorie des héros de Carlyle. Perfection, élite, le plus simple bon sens suffit pour réunir et accoupler ces termes. Aussi Nietzsche n'hésite pas. Il s'éprend des plus fastueuses imaginations du célèbre critique anglais, et il les creuse, il les approfondit : il invoque nettement les deux grands principes de l'*invention* — création *subite* de valeurs nouvelles — et de l'*imitation* — diffusion *lente* des valeurs ainsi créées dans les masses. Mais, selon la juste remarque d'un critique récent, Nietzsche « présente comme plus profonde, plus absolue que ne le fait, par exemple, M. Tarde, la distinction entre les initiateurs et les imitateurs, les esprits primesautiers et les natures moutonnières... » — « C'est le propre des « maîtres », ajoute le même écrivain, de créer des valeurs; au contraire, les esprits moutonniers ne s'attribuent pas d'autre mérite que celui que les autres leur attribuent. Ils attendent le jugement des autres pour se juger eux-mêmes. C'est là la forme peut-être la plus misérable de servitude » (28).

Création *subite*, diffusion *lente*, avons-nous dit plus haut en soulignant ces deux adjectifs qui reflètent l'illusion commune, l'erreur de la vue superficielle. Le mirage ainsi évoqué falsifie la thèse héroïque; il nous cache, dans un brouillard, la vérité nue. Et Carlyle, et Renan, et Flaubert (qui construisit en grand romancier le type du « Bildungsphilister » si bien esquissé par Nietzsche), et M. Tarde, et Nietzsche lui-même eussent dû, selon moi, ayant admis la thèse « qu'une nation est un détour que prend la nature pour produire une douzaine de grands hommes », ou « que l'humanité n'a pas d'autre mission que de faire naître des individus de génie », eussent dû, dis-je, conclure non pas à une création subite, ni même tant soit peu rapide, des nouvelles valeurs (scientifiques, philosophiques, esthétiques ou pratiques), mais bien plutôt à leur genèse extraordinairement lente, séculaire, millénaire. Comparée à la mollesse, à l'indolence, à la musarderie, à la lésinerie originelles de la nature et de la société enfantant le génie et ses œuvres, l'engourdissement, la torpeur, la prostration, l'impuissance qu'on a accoutumé de reprocher au troupeau servile des imitateurs, est sans doute peu de chose. En dépit des résistances et des luttes qui accompagnent la pénétration, la diffusion dans les masses des vérités nouvelles, ce processus consécutif s'accomplit, normalement, d'une façon plus rapide que le processus initial ou créateur. Nous confondons à tort ces deux espèces de faits essentiellement distincts : la création, non pas *ex nihilo*, mais sûrement *ex toto*, l'œuvre de l'ensemble global des forces naturelles dont les sociétés humaines et leurs lois encore si obscures ne forment que l'aspect le plus éminent, la manifestation la plus élevée; et l'œuvre individuelle, la découverte première, la levée, souvent furtive, des voiles, l'inauguration (signalée tantôt par les cris hostiles, et tantôt par les clameurs approbatrices de la foule) de la statue due à un autre ciseau que le nôtre. Les plus hautes vérités sont immanquablement dans les choses avant d'être dans les lois des choses, dans les formules du savant, dans les synthèses du philosophe, dans les pseudo-créations de l'artiste, dans les faits et gestes du héros : — sortes de stèles commémoratives des erreurs déjà disparues et de l'immense difficulté, toujours renaissante, que nous éprouvons à tenir nos paupières décloses, à regarder l'univers bien en face.

La méconnaissance du véritable caractère de la découverte, œuvre par excellence de la finalité, et son assimilation aux processus naturels et sociaux qui s'accomplissent par les voies plus mystérieuses ou moins bien expliquées de la causalité, voilà le grand défaut de toutes les sociologies qui se prétendent strictement *individualistes* (ou encore *contractuelles*). Les partisans de l'individualisme (et du contractualisme social) admettent quelquefois, du bout des lèvres, que l'individu est le produit, le résultat, la fleur largement épanouie d'une combinaison merveilleuse des facteurs vitaux avec les facteurs sociaux; en réalité, ils continuent à voir dans l'individu la source profonde, la racine obscure, non pas de la vie, certes (la biologie est là pour leur démontrer le contraire), mais de tous les phénomènes collectifs sans exception. Leur sociologie consiste, en somme, à abolir la science sociale, pour la remplacer par une psychologie ayant à nos yeux un tort unique, mais d'autant plus grave : celui de ne pas comprendre que toute explication psychologique des phénomènes sociaux est fatalement une explication téléologique, finaliste; c'est-à-dire, un excellent procédé de recherche, mais à la condition de ne pas l'employer seul, de toujours le compléter par l'investigation parallèle des causes. La psychologie de l'individu est la cause finale (terriblement compliquée par l'adjonction du facteur biologique) des faits collectifs; elle n'est pas leur cause efficiente qui semble devoir être cherchée dans un groupe antécédent et plus simple de phénomènes (« interpsychophysicisme » se développant peu à peu en « interpsychisme »). Il y a là une réaction dernière qui, si prépondérante qu'elle puisse nous paraître, ne doit pas être prise, par le sociologue, pour l'action originelle.

« Non, s'exclame Nietzsche, le but de l'humanité n'est pas le terme vers où elle marche; il est dans les exemplaires les plus parfaits qu'elle a produits! » Certes, quand notre raison assigne un but à un processus naturel, elle ne s'avise jamais de faire coïncider ce but avec ce qu'elle-même juge être la cause du processus en question. C'est l'effet ultime et représentatif d'une telle cause qu'elle investit du pouvoir ou du caractère téléologique. Par suite, envisager les individus composant le groupe social comme la seule fin possible de ce dernier, cela équivaut à implicitement reconnaître que ces prétendus atomes sociaux ou éléments simples constituent, en réalité, le produit ou le résultat de l'effort collectif. Sur ce point donc, nous approuverons Nietzsche. Nous irons même plus loin, nous lui accorderons que l'historien avisé « ne doit jamais perdre de vue les grands hommes dont la série, dit notre auteur, forme comme une sorte de pont au-dessus des flots tumultueux du devenir ». L'historien ne trahira point la vérité sociologique en considérant « les génies universels comme placés en dehors du temps, comme contemporains les uns des autres ». Il pourra même, à l'exemple de Schopenhauer et de Nietzsche, faire grand état de « cette république intellectuelle dans laquelle un géant appelle l'autre à travers les intervalles déserts des siècles et où, par-dessus la tête des pygmées turbulents et bruyants qui grouillent tout à l'entour d'eux, se continue le noble entretien de ces esprits sublimes ».

Mais l'examen des « effets rares » d'un ensemble donné de causes n'empêchera pas le sociologue d'observer avec soin — avec le plus grand soin, s'il a la fibre scientifique développée — les effets « communs ou fréquents » des mêmes causes. On s'imagine mal un cristallographe, par exemple, délaissant les formes les plus répandues des cristaux en faveur de quelques cas excentriques. De même, et dût-il pour cela employer les plus forts moyens de grossissement, le sociologue s'attachera avec ardeur à l'étude — autrement difficile et délicate — de la foule des esprits ordinaires, composant la moyenne sociale, ne la dépassant pas...

Un fidèle de Nietzsche vante la philosophie de l'Instinct de grandeur en faisant observer qu'elle se différencie de toutes les conceptions précédentes par là, qu'elle ne comporte aucune présomption de finalité (29). On veut dire apparemment que le surhomme n'est pas un type fixe, déterminé, qui, réalisé d'une façon concrète, mettrait fin à toute ascension future. Non, sans doute, puisque le surhomme est une abstraction qu'on ne tue pas, comme les êtres concrets, en la décomposant. Pareil à l'oiseau de la fable, le surhomme renaît sans cesse de ses cendres. Mais c'est une abstraction finaliste de la tête aux pieds.

« Le surhumain est le sens de la terre », proclame Zarathustra : le sens, c'est-à-dire le but, la fin. Et lorsque Nietzsche place dans la bouche de Zarathustra cette autre parole : « Ce qu'il y a de grand dans l'homme, c'est qu'il est un pont et non un but », il demeure strictement conséquent avec lui-même, il ne détruit pas la force de sa première affirmation. Car il parle soit de l'homme qui est un pont pour le surhomme, soit du but atteint qui aussitôt « confesse sa vanité », qui devient un moyen pour le but supérieur, pour la fin idéale et abstraite.

Toutefois, de fâcheuses obscurités enveloppent encore le symbole du surhumain. Quand et comment s'accomplit le *sursum* qui assigne à l'humanité une nouvelle direction? Ce coup de barre peut-il précéder, ou doit-il nécessairement suivre la réalisation des buts déjà posés? S'agit-il d'un mouvement rationnel, d'une marche féconde en avant, ou d'un véritable *sport du progrès*, d'une agitation, non pas absolument stérile (puisque, comme l'effort du gymnaste, elle assouplit nos aptitudes), mais de nature inférieure? Nietzsche omet de fournir à ces questions des réponses précises. Néanmoins, il est loisible de croire qu'on ne trahit pas sa pensée en faisant du surhumain quelque chose de toujours relatif à l'humain de la dernière période; en sorte que le surhumain actuel, par exemple, renfermera, comme autant d'éléments constitutifs, le surfamilial, le surnational, le surprofessionnel, etc. ; ou, en d'autres termes, que la morale du surhomme s'établira sur les ruines des diverses morales — de famille, de nation, de classe etc. — qui nous gouvernent aujourd'hui.

Une critique plus profonde se peut adresser à ce même concept du surhomme. Le surhomme se place *au-delà* du bien et du mal, et tout le monde comprend qu'il s'agit, dans l'espèce, du bien et du mal présents. Le surhomme se transporte donc, en quelque sorte, dans le bien et le mal futurs. Il accepte un code moral vaguement estompé. Or, un tel *immoralisme* n'est pas précisément le fait du sociologue qui doit chercher à rester *en dehors* du bien et du mal. Le sociologue ne prétend pas à créer, par son propre vouloir, de nouvelles valeurs morales. Il abandonne cette tâche au labeur combiné des générations qui se suivent. Son office consiste à regarder les nouveaux modes de conduite se créer et se fixer sous le choc social des idées qui *mènent* le monde, et des passions qui l'*agitent* (qui lui donnent la trépidation, la turbulence vantées par Nietzsche). Et de ses observations, le sociologue, comme tout autre savant, cherche à tirer, d'abord, les lois du *devenir* moral, et ensuite — abstraction plus puissante — celles de l'*être* moral. Le surhomme de Nietzsche, ainsi que celui de Renan, ainsi que celui de Tolstoï (variétés du même type subjectif), n'est donc encore, à plus d'un égard, qu'un *sous-sociologue*. Sa morale est trop particulariste, sécessionniste; elle n'est pas assez sociale, ni même assez individualiste (30).

Aux yeux du sociologue, le surhomme, le type modèle de la conduite qui devient, qui s'imagine, qui s'invente, qui s'imite, qui sans cesse se modifie, revêt une autre signification encore. Pour lui, une semblable idéologie se confond avec la recherche ou la poursuite de l'inconnu social. Toutes les sciences ont subi la même épreuve. La fin première de l'astrologie — lire dans les astres le mystère des destinées humaines, et celle de l'alchimie — faire durer la vie en dépit des lois qui gouvernent son usure, ne se transmuèrent-elles pas peu à peu en une persévérante recherche de l'inconnu astronomique et de l'inconnu chimique? Et ces nouvelles fins proposées à notre effort ne témoignent-elles pas, en somme, d'une ambition accrue? Les religions et la plupart des philosophies, alors qu'elles furent surtout des sociologies inconscientes et grossièrement empiriques, se contentèrent d'un idéal moral — la volonté divine — dont la médiocrité, l'extrême pauvreté nous frappe aujourd'hui de stupeur. Cet idéal, ainsi que l'ont surabondamment prouvé les penseurs incrédules des trois derniers siècles, ne dépassa jamais les plus frustes exigences de la vie en commun.

Les philosophes athées — et les admirables pages où Nietzsche étudie et décrit les replis intimes, les tares secrètes de l'âme théologique, le placent dans ce groupe au premier rang — s'aperçurent tôt que, loin d'être immuable, tout idéal moral est compris dans un incessant devenir. Or, dans la sphère de la pensée, il n'y a qu'une chose qui « devient » *originellement* : c'est l'*expérience*, ou le savoir qui la représente. Tout le reste — religion, philosophie, art, conduite — évolue et se développe par contre-coup, comme l'effet, proche ou lointain, d'une même cause initiale. Il s'ensuit que toute religion, toute philosophie, tout art, toute conduite qui retardent sur l'expérience de leur époque ou qui cessent de puiser dans le savoir contemporain une sève rajeunissante, finissent bien vite par prôner un idéal rétrograde et comparativement *bas*. Par contre, l'idéal moral le plus élevé auquel puisse prétendre une période historique, lui est toujours fourni par la somme des connaissances sociales qu'elle-même sut acquérir. Nous le voyons bien de nos jours, alors que le simple relâchement des vieilles sanctions (conséquence de l'incrédulité croissante) profite déjà d'une façon visible à l'essor de l'idéal moral de l'élite européenne, en donnant à cet idéal plus d'élasticité, en favorisant et en accélérant ses transformations successives (31).

VII

Dans la première partie de ce travail nous avons dit que l'altruisme de Nietzsche tendait à dépasser « la seule solidarité, l'égoïsme communautaire, niveau atteint et établi par l'histoire », et qu'il se tournait déjà vers l'avenir incertain, le vaste « pays des enfants ». Nous avons dit aussi que ses idées sociales et démocratiques foncièrement méconnues montraient la même tendance. Approfondissons un peu, en les développant, ces deux thèses.

Un sociologue qui admire beaucoup Nietzsche et qui pense par lui-même, sans chercher à paraphraser, en les accommodant au goût du jour, les idées neuves ou originales des esprits dissidents, M. Palante écrit, entre autres choses, ceci : « Un groupe social, quel qu'il soit, est férocement attaché à l'existence. Il déploie, pour se défendre et s'accroître, une avidité, une astuce, une ténacité, une cruauté, une absence de scrupule, absolument inconnues de la psychologie individuelle. Joignez à cela l'exposant d'hypocrisie dont s'affecte tout égoïsme collectif. Comme il s'agit de la défense d'un intérêt général qu'on érige en dogme sacré, toutes les fourberies et toutes les immoralités deviendront légitimes au nom de la raison d'État, au nom de l'Impératif vital du groupe ». Et il conclut par ces paroles : « En dépit des utopies optimistes, toute société est et sera exploiteuse, usurpatrice, dominatrice et tyrannique. Elle l'est, non par accident, mais par essence » (32).

C'est aussi l'opinion de Nietzsche. « On s'engoue maintenant partout, dit-il, même sous le déguisement scientifique, pour un état futur de la société auquel manquerait « le caractère exploiteur », — cela sonne à mon oreille comme si l'on promettait d'inventer une vie dépouillée de toute fonction organique. « L'exploitation » ne fait pas partie d'une société corrompue ou imparfaite et primitive; elle appartient à l'*essence* de la vie, comme fonction organique fondamentale, elle est une conséquence de la véritable volonté de puissance, qui est précisément la volonté de la vie; — admettons que, comme théorie, ceci soit une nouveauté, — comme réalité, c'est le *fait primitif* de toute histoire; qu'on soit donc assez loyal envers soi-même pour se l'avouer! » (33).

Un scrupule me vient qui m'empêche de souscrire à cette déclaration d'une allure plutôt fière. Le dynamisme social n'est pas un terme qui puisse être accepté ou rejeté suivant les cas. L'évolution est, soit un fait, soit une idée que la conscience antique saisissait d'une manière intermittente et confuse, que la conscience moderne perçoit à tout instant et d'une façon déjà beaucoup plus nette.

Dire qu'il y a des choses qui changent et d'autres qui restent éternellement pareilles à elles-mêmes, c'est consacrer, sans raison suffisante, un dualisme douteux. Tout change ou tout demeure immuable et nous paraît seulement changer. La distinction rigoureuse entre le statique et le dynamique a fait son temps. Elle n'a aujourd'hui que la valeur d'un moyen artificiel pour classer les phénomènes selon le degré de vitesse des changements que nous apercevons ou croyons apercevoir à leur surface. Nous voulons bien admettre que l'esprit collectif ou grégaire — c'est lui qu'on vise quand on maudit la société — est quelque chose de très stable. Mais rien ne prouve que l'esprit individualiste le soit moins. N'a-t-il pas mis de longs siècles à naître et à lentement se former? Et l'évolution qui toucha l'un, a-t-elle pu ne pas modifier l'autre? D'ailleurs, une nouvelle objection — plus grave — se présente aussitôt. Quel motif valable a-t-on d'opposer l'esprit individualiste à l'esprit collectif en donnant à l'antithèse la force d'une négation directe? Que veut-on signifier par ce perpétuel et violent contraste? Ces deux phénomènes sont-ils contradictoires et inconciliables, antinomistiques au sens kantien du terme? Il serait curieux de voir repousser, sur la terre vierge de la sociologie, la plante parasite qu'on eut tant de peine à arracher du vieux sol métaphysique.

Les choses me semblent offrir un caractère et comporter une explication plus simples. L'individu social (car c'est de lui seul qu'il s'agit, à l'exclusion de l' « exemplaire » biologique), armé de ses droits, portant, plus ou moins allégrement, le poids de ses devoirs, n'est pas tombé du ciel au beau milieu d'une société quelconque. Il a une histoire, il est le fruit d'un développement, d'un enchaînement de causes et d'effets, dans lequel le contact répété de son « moi » avec les « moi » d'autrui — ou le phénomène d'association, de *société* — a joué un rôle capital et décisif. Ce rôle consista-t-il, dans le passé, à « concevoir » (au sens propre et au sens dérivé du mot), à longuement porter en l'alimentant de sa substance, puis à faire éclore l'individu; et consiste-t-il, dans le présent, à protéger sa faiblesse, à exercer ses jeunes forces, à voir mûrir son adolescence; consistera-t-il, enfin, dans les temps futurs, à coexister indéfiniment avec l'individu, à l'aider et à recevoir son aide, à marcher avec lui, la main dans la main, vers la conquête des satisfactions possibles? Cette thèse se peut défendre. Elle s'accorde avec une foule d'observations et de faits connus. Et si on la débarrasse des figures de rhétorique employées plus haut, elle revient à dire qu'un rapport étroit unit cette cause, la société, l'esprit collectif, à cet effet, l'individu social, l'esprit individuel. Cause et effet sont également compris dans un perpétuel devenir; mais la cause devance naturellement, dans l'ordre du temps, l'effet, elle frappe d'abord l'observateur.

Peut-on renverser le rapport, et affirmer que l'individu social se rencontre déjà au seuil de l'évolution historique, mû et conduit par l'esprit particulier qui l'anime et qui fait surgir, qui forme peu à peu, qui pétrit et façonne la société, le milieu moral, l'esprit collectif ou solidaire? A interpréter de la sorte les événements de l'histoire, on s'expose à de multiples périls. On risque, notamment, de confondre l'individu social avec le simple représentant, « l'exemplaire isolé » de l'espèce biologique. On risque ensuite d'abolir d'un coup les idées et les définitions morales et sociales les plus accréditées, et de devoir changer toute la terminologie correspondante. On risque enfin — et c'est là le danger sans contredit le plus sérieux — de transformer la société (l'esprit grégaire) en cause finale, en but proposé à l'effort des générations humaines, et l'individu social en simple moyen servant à atteindre cette fin suprême.

Les individualistes se garderont comme du feu de cette construction sociologique qui, heureusement pour leur idéal de justice et de bonheur, est démentie à chaque pas par les faits les mieux connus. Mais pourquoi s'obstinent-ils à découvrir dans la société une propulsion néfaste à combattre, à détruire l'individu, à l'exploiter, à le tyranniser, le terroriser, le torturer; et aussi, mais déjà moins souvent, à découvrir dans l'individu une courageuse tendance à se révolter contre la société, à résister à son oppression, à son astuce, à sa fourberie envahissante? De telles idées, sans parler de leur nature imaginaire, ne se concilient pas avec l'existence d'un rapport causal quelconque entre ces deux termes : société, individu. La notion d'une cause tendant à détruire son effet, et vice versa, d'un effet cherchant à entraver l'action de sa cause, n'est sûrement pas banale; mais elle a le tort d'être profondément illogique. Nulle cause, si elle n'en est empêchée par une cause étrangère, ne peut cesser de produire le même effet; et nul effet, si d'autres causes n'interviennent, ne peut réagir sur sa cause en l'abolissant.

Force nous est donc d'admettre, à côté des deux thèses exposées plus haut, une troisième; elle serait celle adoptée par Nietzsche et les individualistes qui suivent son fanion. Elle consisterait à fièrement camper, dès la prime origine, l'une en face de l'autre, deux tendances sinon toujours égales, du moins irréductiblement antagonistes, produisant des effets contraires, et à déclarer que la marche de l'histoire suit la ligne qui résulte de ces tiraillements en sens inverse; ou encore que la causalité historique se dédouble, qu'elle est représentée par le rapport séparé de chacune des composantes à leur résultante commune. Une telle conception des rapports entre la société et l'individu (qui n'est pas neuve, qui réédite une vue très ancienne, religieusement conservée dans l'esprit des masses populaires) doit profondément modifier le sens habituel attaché par les modernes théories évolutionnistes au terme de « milieu social ». Ce dernier cesse d'être, pour l'individu, un ensemble de conditions plutôt favorables auxquelles il s'accoutume et qui l'enveloppent, qui le baignent de toutes parts comme une sorte d'atmosphère salubre dont il ne saurait se passer, pour devenir un *frottement* qui toujours arrête son essor, un air méphitique qui déprime sa vitalité.

Une sociologie future, plus perspicace, mieux renseignée que la nôtre, décidera en dernier ressort sur le bien fondé de ces diverses hypothèses. Elle dira laquelle s'approche le plus de la vérité objective. Bornons-nous, en attendant, à faire valoir les motifs qui nous poussent à choisir une solution de préférence aux autres. Je viens d'indiquer quelques-unes de ces raisons. Elles se laissent résumer en quatre points : 1° ma thèse s'accorde avec les faits historiques au moins aussi bien que celle de Nietzsche; 2° elle est plus profondément, plus essentiellement individualiste ; 3° elle répudie le dualisme nietzschéen, elle préconise une vue monistique de l'évolution sociale; 4° elle lève l'antinomie qui existe chez Nietzsche (qui s'étale chez lui avec un luxe rare de superbes objurgations, de hautaines invectives) entre le développement de la démocratie moderne et le progrès assuré de la liberté individuelle. On me permettra, toutefois, vu l'importance majeure du problème en litige, d'ajouter à ce que j'ai dit les quelques réflexions suivantes.

Les individualistes qui, avec Nietzsche, font de la lutte de l'individu contre la société le sombre et mystérieux drame se jouant sans interruption, tenant sans relâche l'affiche de l'histoire, accordent à la morale personnelle une prééminence marquée sur la morale collective : la première est, à leur avis, plus haute, plus pure, plus noble, plus généreuse, plus pitoyable à autrui, plus désintéressée. Mais ce phénomène que nous considérons, à notre tour, comme parfaitement avéré, ne s'explique pas — mais pas du tout — dans l'hypothèse dualiste adoptée par les nietzschéens.

D'où viendrait, dans leur cas, la supériorité morale de l'individu? Et que peut-elle signifier? Une prépondérance de la force, un reliquat d'énergie disponible? Mais alors, pourquoi la lutte s'éternise-t-elle, comment n'a-t-elle pas déjà fini par l'échec du plus faible, de l'inférieur, par le triomphe du plus fort, du supérieur? Ces questions — pourtant essentielles — sont laissées sans réponse. Leur thèse dualiste conduit logiquement les nietzschéens — comme, bien avant eux, les mêmes prémisses conduisirent la grande majorité, la presque unanimité des anciennes écoles éthiques — à une sorte de *demi-individualisme* qui sans cesse pose le problème moral, qui sagement, ou prudemment peut-être, ne le résout jamais.

Notre hypothèse montre une allure plus décidée. Elle ose mettre les points sur les « i ». Elle ne recule pas, sinon devant la solution complète du problème en suspens, du moins devant une tentative de solution qu'elle juge indispensable. Son monisme lui facilite beaucoup cette tâche. Voici d'ailleurs, en deux mots, comment nous proposons d'expliquer le fait certain, à notre avis, de la supériorité relative (ne dépassant pas, bien entendu, les limites d'une même époque et d'un même milieu géographique) de toute morale ou plutôt de toute *moralité* individuelle sur la moralité collective correspondante. Cette valeur plus haute dépend et découle, à nos yeux, d'une raison fort simple et, du reste, tellement générale qu'elle peut passer pour unique. Nous la formulons ainsi : le groupe collectif s'assimilant à une cause productrice de l'individu, de la personne morale, il s'ensuit que toute communauté doit nous apparaître comme une forme *primitive*, un degré *inférieur* de la vie sociale, et que l'individu, au contraire, doit nous frapper comme une forme subséquente, *tardivement* éclose, un degré social *supérieur*.

Mais il y a encore autre chose. C'est pour simplifier le débat que nous avons fait plus haut du groupe collectif la cause primordiale du phénomène individualiste. Cette vue approximative exige une correction. En vérité, nous pensons que le groupe social constitue un simple chaînon, un terme intermédiaire (terme dont la nécessité nous semble indiscutable) qui relie la cause efficiente, invisible et mystérieuse comme toutes les *verae causae*, si peu connue que sa réalité même est souvent mise en doute, ayant pourtant agi à l'aube de toute culture et continuant à agir de nos jours — donnons-lui, pour plus de brièveté, le nom de socialité ou de psychisme social, — qui relie la cause, dis-je, à l'effet ultime, bien visible, celui-là, mais, à son tour, très mal étudié et compris : l'individu social.

Il s'agit, dans tout cela, on le voit, d'une évolution lente, d'une transformation par degrés insensibles et dont nos moyens grossiers d'analyse ne saisissent que les étapes, les haltes les plus marquées (elles sont souvent les moins dignes d'intérêt); il s'agit d'un *nascitur ordo* dont la soudaineté ne fut jamais le défaut principal et qui s'est déroulé le long d'espaces plusieurs fois millénaires. Or une semblable évolution ne pouvait produire dès l'abord, d'un seul jet, ni d'une façon immédiate, ce que nous considérons à l'heure actuelle comme son couronnement ou son effet dernier. Elle ne pouvait, tout au plus, que tenter de réaliser celui-ci d'une manière plus ou moins hésitante, indécise, incomplète. Elle ne pouvait évidemment pas *commencer* par lui donner la perfection, ou plutôt le degré de perfection qu'il possède aujourd'hui.

A ce point de vue, il n'y aurait rien d'étrange dans la supposition que l'individu social — le vrai spécimen du genre — n'aurait eu aucune réalité, aurait formé un type inconnu non seulement durant toute la préhistoire humaine, mais encore aux plus belles époques de la culture barbare, appelée quelquefois — et ceci sonne maintenant à nos oreilles comme une pure antiphrase — « héroïque ». Les esprits trop matériellement minutieux, ceux dont on dit qu'ils ne voient pas la forêt derrière les arbres, auraient tort, à ce propos, d'invoquer la longue liste des noms, venus jusqu'à nous, des hommes et des femmes célèbres de ces temps reculés. En effet, ne peut-on pas leur répondre : ces *personnages de prologue* n'étaient point des individualités largement écloses, dans le sens attribué aujourd'hui à ce terme, mais des essais plus ou moins heureux, des ébauches plus ou moins réussies d'individus véritables?

A certaines périodes de la lente incubation de l'individu social, un phénomène constant pouvait s'observer. Était seul réputé l'homme fort, le triomphateur, le héros, celui qui immolait son salut personnel et le bonheur de ses proches à l'intérêt général, au salut public; et cela conformément non pas à l'idée que lui-même possédait du bien commun, mais à l'opinion du groupe dont il faisait partie, au « préjugé collectif » qui seul avait voix au chapitre. L'exemple du héros stimulait le zèle des autres membres de la communauté qui, le cas échéant, s'offraient volontairement en holocauste à la même jalouse et cruelle idole.

En dépit de nombreux retours ataviques et de quelques incontestables survivances, nous avons aujourd'hui sur l'héroïsme et les devoirs de l'individu envers la société des idées un peu différentes. Notre concept de l'individu s'est considérablement modifié ; sans doute aura-t-il suivi l'évolution qui s'est produite dans les faits, la lente maturation de l'individu lui-même. Mais rien ne nous autorise à transposer dans le passé ce nouveau concept et à le faire servir ici aux jugements portés sur une morale qui n'est plus la nôtre. Ce procédé est aussi peu rationnel que souverainement injuste. L'eussent-elles cent fois voulu, les sociétés antiques n'auraient pas pu sacrifier l'individu à la collectivité. Ce qu'elles subordonnèrent, en pleine connaissance de cause et, on peut le penser, avec toute raison, à l'intérêt de l'être collectif, déjà puissant et pleinement constitué à cette époque, ce fut l'intérêt de l'embryon, de l'être en voie de se produire et dont on ne savait même pas s'il naîtrait viable. Absolvons-les donc du crime de lèse-individu. Il ne semble pas certain, il n'est pas prouvé qu'elles l'eussent commis (34).

L'esprit de groupe ou, pour employer le terme péjoratif adopté par la mode nouvelle, l'*esprit grégaire* ne saurait être ce marécage aux eaux immobiles, stagnantes (et, par suite, pestilentielles) que nous décrivent tour à tour Schopenhauer, Nietzsche, d'autres encore, astres de première grandeur ou simples satellites. L'esprit collectif évolue et change, non pas tous les jours, certes, ni tous les ans (malgré le caractère proverbial de l'inconstance, des volte-face populaires), mais sûrement tous les siècles, l'espace de deux ou trois générations. S'il en était autrement, l'esprit individualiste et libertaire n'eût jamais pu, je ne dis pas surgir, je ne veux soulever aucune controverse, mais se dresser en face de l'esprit collectif avec la force, l'âpre énergie, la véhémence que nous admirons sans réserve chez ses meilleurs représentants.

L'esprit de groupe s'est développé — il a vraiment grandi dans tous les sens du mot — au point d'apparaître doué des diverses qualités qui constituent ce qu'on appelle aujourd'hui l'esprit *démocratique*. M. Palante reproche à Nietzsche de confondre l'esprit démocratique avec l'esprit « de troupeau » et de donner par là aux pires réactionnaires un prétexte facile pour dénaturer ses tendances véritables. A mon tour, je reprocherais à M. Palante de vouloir trop distinguer ou séparer ces deux esprits. S'il s'agit pour lui d'idées pures, de concepts abstraits construits par la raison pour signifier des réalités isolées les unes des autres, se mouvant dans le temps et l'espace infinis, délivrées des liens concrets qui forment la trame intime soit de la mémoire du passé, soit de la perception du présent, s'il s'agit pour lui de telles réalités, passe encore. Ici l'on peut diviser et subdiviser à son aise. Les êtres abstraits ne meurent pas, ils naissent plutôt et essaiment sous le couteau qui dissèque les réalités simplement concrètes ou déjà vivantes (deux sortes de réalités qui sans cesse se transforment l'une dans l'autre). Et sûrement aussi, les êtres abstraits servent à nous faire comprendre, ils nous aident à déchiffrer la troublante énigme des choses concrètes en général et des êtres vivants en particulier. Mais ils le font à une condition expresse : il nous faut, pour mener à bien l'entreprise cryptologique, rassembler, réunir, souder ensemble le plus grand nombre possible de caractères abstraits ; il nous faut renoncer à l'exorbitante prétention d'expliquer par une seule entité analytique ou élémentaire la multiplicité réelle et complexe des phénomènes. Le physicien n'énoncera pas une contre-vérité absolue en déclarant que la lumière du jour est verte ; mais s'il nous laisse ignorer les lois qui président à la formation du spectre solaire et qui rendent compte de la décomposition de la lumière blanche en rayons de différentes couleurs, il déformera à nos yeux, d'une façon certaine, la réalité objective. Et le même effort vain sera accompli par le sociologue qui tentera de ramener la riche multiplicité concrète des phénomènes constituant « l'esprit collectif » à cet ingrédient unique, « l'instinct de compagnonnage » ou encore « l'esprit de troupeau. »

Il me semble donc que Nietzsche ne pécha point contre la méthode expérimentale lorsqu'il enveloppa dans un seul anathème l'esprit démocratique et l'esprit grégaire. Sa faute fut autre et plus grave. Il n'a pas saisi la vraie nature des liens qui unissent le groupe social à l'individu également social, et l'esprit collectif à l'esprit individualiste. Il n'a pas compris qu'après avoir lentement formé et éduqué l'individu, le groupe ne pouvait être rien moins que disposé à jouer à son égard le rôle de Saturne vis-à-vis de ses enfants. Il n'a pas vu que si l'histoire constate l'existence de sociétés *préindividualistes*, elle ne connaît pas ce monstre qui se dévore lui-même, une socité *antiindividualiste*. Il n'a pas compris enfin qu'en s'épanouissant dans le milieu social qui l'avait vu naître, l'esprit individualiste devait forcément transposer les vieilles bornes, reculer, en les étendant, les frontières de l'esprit collectif; et qu'il devait, par là, profondément modifier le sens attaché à l'idée de « solidarité ». Si la solidarité des époques disparues peut, à la rigueur, se concevoir comme une forme de l'esprit hiérarchique, de l'esprit de soumission caractérisant l'enfance sociale, marquant d'un cachet particulier la *cité préindividualiste*, il n'en est plus de même de la solidarité moderne, fille de la cité de plus en plus individua-

liste. Parler à ce propos d'obéissance, c'est commettre un anachronisme manifeste; et c'est tomber dans une erreur lexicologique. Il y a un abus de langage intolérable à vouloir assimiler la soumission aveugle qu'exigent les décalogues promulgués par l'empirisme tantôt bien, tantôt mal inspiré des premiers chercheurs, à l'acceptation raisonnée des vérités découvertes par la science et à la ferme volonté d'y conformer sa conduite. Les sanctions dont se couvrent l'ignorance, la présomption, même le doute ou le « pari » empiriques, et qui nous paraissent aujourd'hui si arbitraires, n'ont rien de commun avec celles qui accompagnent, comme autant de vérifications inéluctables, la certitude scientifique.

Nier l'élargissement progressif des idées qui forment la matière ou le contenu de l'esprit collectif, soutenir que rien n'a changé parmi nous, ni l'esprit de famille, ni l'esprit de clocher, ni l'esprit national, ni l'esprit de classe, ni l'esprit professionnel, c'est vraiment pousser trop loin l'amour du paradoxe et le dédain de la preuve par les faits. Le socialisme qui apparaît dans nos civilisations modernes comme l'expression la plus forte de la tournure grégaire de l'esprit collectif, n'a pas pour mission, que je sache, de reconstituer les castes, de relever les vieilles murailles décrépites, soit entre individus, soit entre nations. Il ne se donne pas non plus pour tâche de rétablir Dieu dans ses autels, et César sur son trône; il n'est pas l'ennemi de l'individu et de sa liberté *totale*. Et les bruits malveillants qu'on fait courir sur ses tendances autoritaires, sur son humeur tyrannique, ont tous pour source son amour profond de la justice, dont il a spontanément, instinctivement découvert la superbe formule sociologique (l'équation moi = autrui), et sa haine non moins marquée pour toute injustice, pour toute *exploitation* de l'homme par l'homme.

C'est en vain qu'à la conception *sociale* de la justice on oppose l'inégalité *naturelle* entre les hommes, et c'est encore en vain qu'on délègue à l'esprit individualiste la garde ou la défense de cette inégalité; honneur que les individualistes répudieront sûrement, lorsque, mieux renseignés sur la véritable nature des processus sociaux, ils ne confondront plus la socialité avec la vitalité; ou lorsqu'ils comprendront enfin que si la vie, comme on l'a dit, est un perpétuel miracle chimique, la société est un perpétuel miracle biologique. Le miracle chimique consiste essentiellement à produire, avec de simples mouvements intermoléculaires, quelque chose qui les dépasse (au moins par sa complexité), de la vie; et le miracle biologique consiste à faire, avec toutes les propriétés vitales, y compris la fameuse inégalité zoologique, quelque chose qui dépasse et ces propriétés, et cette inégalité : — de la socialité, et de la justice ou de l'égalité sociale.

La justice ne sera jamais autre chose que le désir ou la volonté de rendre socialement égal ce qui est biologiquement ou psychophysiquement inégal. D'abord obscure, fragmentaire, hésitante, incomplète, cette tendance revêt de plus en plus un caractère conscient, résolu, intégral. L'égalité ne se satisfait plus d'être juridique, ni même politique, elle cherche, très rationnellement, très logiquement — ou plutôt très sociologiquement — à devenir écono-

mique. La justice ainsi comprise constitue la première, la plus haute, en certains cas l'unique règle morale. Et lorsqu'on la viole, c'est toujours au détriment, jamais au profit de l'individu.

Certaine théorie, qui a fait rage à la plus belle époque de cette demi-science, l'économie politique, à laquelle elle facilita la tâche de glorifier, au nom des droits sacrés de la personne humaine, les formes les plus éhontées de l'injustice et de l'exploitation anonymes dont puisse souffrir l'individu, — cette doctrine a refleuri de nos jours, sous un aspect plus large, plus profond, plus outrancier, plus philosophique. Elle a reverdi, cette fois, non pas sous la plume décriée des économistes, mais sous celle des penseurs et des sociologues. Elle se proclame individualiste et moderne; mais, comme sa devancière, elle trahit — de bonne foi, sans intention — les intérêts essentiels et durables de l'individu. Elle est, sur plus d'un point, un pseudo ou un demi-individualisme; et, d'autre part, elle pactise encore, à son insu, avec quelques notables erreurs du savoir empirique et routinier de nos ancêtres.

Nous avons brièvement examiné, dans les pages précédentes, l'une de ces erreurs : la conception aujourd'hui si familière et qui demain paraîtra peut-être bizarre et étrange au possible, d'une lutte ardente et sans fin, d'un antagonisme intime entre l'effet et sa cause, l'être de raison et le milieu surorganique qui l'entoure, l'individu et la société; et quelques lignes plus haut seulement, nous eûmes l'occasion de signaler cette seconde erreur, conséquente à la même idée guerrière, qui consiste à prendre les sociétés préindividualistes du passé pour des sociétés férocement ennemies de l'individu (pour des collectivités « individophages » ou « autophages » en quelque sorte). Il nous reste encore à dire quelques mots d'une troisième méprise, non moins sérieuse, à notre sens, mais d'une nature différente, ayant un caractère méthodologique bien accusé. Nous voulons parler de la tendance qui caractérise la plupart des constructions ou synthèses sociologiques écloses à notre époque, tendance qui les sollicite à constamment confondre la sociologie avec la psychologie, c'est-à-dire, en somme, qui les pousse à méconnaître, soit la nature essentiellement abstraite du savoir sociologique, soit le caractère éminemment concret du savoir psychologique.

Les conséquences d'un tel imbroglio, d'un semblable enchevêtrement de domaines scientifiques distincts et dont chacun eût dû être traité par sa méthode propre — la science abstraite par l'induction, et la science concrète par la déduction — sont nombreuses et très importantes. Nous avons déjà fait voir, dans un chapitre précédent, quel trouble cette confusion apporte avec elle dans l'estimation juste des rapports directs de causalité et des rapports invertis de finalité. A cette place, nous voulons montrer qu'on doit rattacher à la même équivoque la genèse cachée, l'origine à peu près inconsciente des clameurs de protestation que soulèvent, dans le camp des pseudo-individualistes, les prétendues utopies égalitaires. L'idée de justice distributive réduite à l'idée d'égalité, ceci frappe beaucoup d'esprits comme un contresens et un blasphème. Victorieusement, nos contradicteurs invoquent, ils sortent le sempiternel et irrésistible argument : on

aura beau égaliser les droits, les devoirs, les positions, les fortunes, on n'arrivera jamais à ajuster au même niveau les intelligences, les aptitudes natives si radicalement diverses. Or, tout est là, puisque dans le vaste champ de l'activité humaine tout dépend, en dernière analyse, du jeu spontané des forces intelligentes. Et mettre la justice dans l'égalité absolue, c'est la situer dans le ciel vide et froid de nos vagues et irréalisables désirs, c'est la placer, de propos délibéré, hors de nos chaudes et terrestres étreintes.

Ce raisonnement a un seul défaut : il n'est rien moins que topique, il n'a qu'un rapport très éloigné et très indirect avec le problème traité. L'esprit, l'intelligence forme aussi peu l'objet propre des études du sociologue qui ne serait pas en même temps un biologue, que le système devonien, les terrains siluriens ou jurassiques peuvent former celui des études du chimiste qui ne serait pas en même temps un physicien.

Personne ne songe à inclure la géologie dans la chimie et personne aussi ne devrait songer à faire entrer la psychologie, science concrète, mixte ou composée, dans les cadres de la sociologie, science abstraite ou élémentaire. Il est tout naturel que l'esprit, produit combiné des forces vitales et des forces sociales, porte les traces de sa double origine. La biologie et la sociologie fournissent ici chacune leur contingent de facteurs. La première fait réapparaître, en psychologie, l'inégalité psychophysique originelle, la différenciation native des structures et des fonctions cérébrales ; et la seconde y introduit, avec cette suite de phénomènes nouveaux qu'on nomme la tradition, l'imitation, l'enseignement, l'éducation, la culture, — ses propres postulats égalitaires. L'esprit de l'homme vivant en société, au milieu de ses semblables, est la résultante complexe de ces deux grandes composantes qui ne sont rien moins que simples, elles aussi. Or, s'il en va de la sorte, pourquoi proférer cette énorme balourdise, pourquoi mettre le sociologue au défi de niveler tous les cerveaux, d'amener à l'étiage moyen toutes les intelligences? Ne lui suffit-il pas d'appliquer la même règle à leur entraînement social, pour ainsi dire, d'égaliser — mais là, complètement, sans restrictions jésuitiques — l'éducation, l'enseignement, le perfectionnement social qu'il leur donne? Pourquoi, par la même occasion, ne pas inviter le sociologue à changer le climat de Saint-Pétersbourg, par exemple, en celui de Paris? A coup sûr, pourtant, personne n'excipera des différences de situation géographique, de race, etc., pour refuser au sociologue le droit ou plutôt le devoir d'enseigner au peuple russe ce qu'il doit faire, s'il veut, à son tour, atteindre au niveau des libertés démocratiques déjà conquises par le groupe social français.

Chaque ordre de phénomènes suit les lois qui lui sont propres et qui le déterminent. Nous n'y pouvons rien. Notre raison n'a qu'une seule prise sur les normes qui gouvernent l'univers dans son ensemble ou dans ses éléments constitutifs; — et c'est de constater ces normes, pour ensuite y conformer notre conduite. Si la nature physique des choses les sollicite à un mode d'existence et de mouvement, et leur nature chimique à un autre, et leur nature biologique à un troisième, — leur nature sociale les pousse vers un nouveau et dernier mode fondamental d'existence et de mouvement que le sociologue, conscient de sa tâche spéciale, ne laissera pas au biologue le soin de définir (comme le font aujourd'hui les prétendus individualistes), mais qu'il prendra à cœur de caractériser lui-même. C'est ainsi que nous fûmes amenés à poser l'équation : moi = autrui, comme la règle essentielle de la morale, l'expression suprême de la justice qui porte encore le nom suggestif « d'équité ». Certes, nous pouvons errer quant à nos appréciations et à nos définitions du mode social de l'existence; mais sûrement nous ne nous trompons pas quant à notre méthode, à nos procédés d'analyse et de division, — ceux-là mêmes dont toutes les sciences exactes usèrent et auxquels elles doivent leurs grands et durables succès.

VIII

Revenons à Nietzsche. Un critique allemand, M. Gystrow, a soutenu avant nous la thèse, d'apparence paradoxale, selon laquelle Nietzsche fut un socialiste sincère, un vrai démocrate. De toutes les forces de son âme ardente, il a, dit cet auteur, souhaité l'élévation aristocratique pour chacun et pour tous. Or un tel but à notre époque suppose un nivellement préalable et général des fortunes, la victoire de l'esprit sur l'obstacle matériel et cynique qui en dernier lieu empêche l'avénement, parmi les hommes, du règne de l'égalité et de la justice. « Rien ne sculpte mieux la personne humaine, observe judicieusement M. Gystrow, que la participation à la responsabilité économique. » Et voilà pourquoi cette participation, de sporadique et d'isolée sous le régime de la propriété exclusive et égoïste plutôt qu'individuelle, devra devenir endémique, pour ainsi dire, et générale sous le régime de la propriété universelle et altruiste plutôt que collective.

« Nietzsche, conclut M. Gystrow, a été des nôtres. Il n'a pas été le philosophe du romantisme des corporations moyenâgeuses, et il a rompu avec Wagner qui a été, dans l'art, le représentant de ce romantisme. Il n'a pas été, non plus, le philosophe du capitalisme... Il croyait aux grands hommes du passé et — c'est ce qu'il y a d'admirable et de divin dans ce génie — à la *grande humanité* de l'avenir. Il a prophétisé ce qui doit être le principe de notre tâche : que la valeur de l'humanité réside dans l'homme même, et que toute véritable ascension de l'humanité aura un sens aristocratique. »

Cette appréciation me semble très juste. Mais la rend-on plus acceptable, lui confère-t-on plus de valeur en venant l'appuyer, avec M. Gystrow et M. Palante qui le cite, sur cette déclaration : « Autrefois, le socialisme était un dogme. Aujourd'hui, il est un grand mouvement. Le dogme tombe en morceaux; mais la sensibilité et la vie individuelles s'agitent plus fécondes et plus riches » ? (35)

A mon gré, de telles paroles sont malheureuses en ce sens qu'elles peuvent créer un grave malentendu. Je demande la permission d'expliquer, en deux mots, ma pensée.

La guerre au dogme que la mode du jour impose à l'effort des générations nouvelles, évoque — du moins dans mon esprit — la vision de l'esclave révolté mettant en pièces machines, outils, instruments indispensables, sous prétexte qu'un même fer avait servi à forger ces choses et les vieilles chaînes détestées. Nous sommes tous hantés par le souvenir de certains dogmes qui comprimèrent d'une manière atroce la raison humaine. Et nous voilà fulminant contre le dogme « en général », nous voilà prêchant l'évangile de sa chute irrémédiable. Cependant, même dans la science, le doute et la critique ne sont, en vérité, que des méthodes de préparation ou d'attaque ; ce ne sont pas, à coup sûr, des méthodes technologiques ou d'exploitation. La science est profondément finaliste. Toutes ses recherches visent à quelques fins générales et à une foule de fins particulières. A plus forte raison cela est-il vrai de la conduite ou de l'action des hommes. Ici, un « mouvement » dépourvu d'une fin précise, c'est-à-dire guidé par autre chose qu'une conception ou une croyance pour le moment prépondérante, est une activité irrationnelle, sans direction, un flottement stérile, une déperdition de force. Mais tant que l'idée qui mène l'action résistera aux idées contraires, tant que la croyance qui dirige une série d'actes convergents paraîtra inébranlable, — et tout succès pratique est à ce prix, — idée et croyance feront office de « dogme »; ou alors il faut changer notre vocabulaire. Une activité n'est vraiment féconde que si des dogmes puissants viennent noircir les pages blanches du livre où s'inscrit jour par jour son histoire.

Un autre critique impartial de l'œuvre de Nietzsche, M. Lichtenberger, explique à sa façon les motifs qui ont dû faire surgir et qui, en effet, ont fini par créer entre Nietzsche et les apôtres des doctrines démocratiques et humanitaires un antagonisme inévitable. « En fait, dit M. Lichtenberger, l'homme moderne est à la fois individu et « bête de troupeau », c'est-à-dire membre d'un groupe plus ou moins important, d'une famille, d'une nation, de l'humanité. Il poursuit donc pour lui-même le bonheur, la puissance, la perfection; et il poursuit également le bonheur, la puissance, le développement du troupeau dont il fait partie. Pratiquement, d'ailleurs, il se présente, dans la vie de tout individu, un grand nombre de cas où il juge — à tort ou à raison, peu importe — qu'il y a conflit entre son intérêt égoïste et celui du troupeau. Il est donc essentiel pour lui de savoir lequel des deux intérêts devra en ce cas céder le pas à l'autre. Or, il me semble bien que le choix, en cette matière, ne peut se faire qu'en vertu d'un acte de foi ou, si l'on préfère, en vertu d'une sorte de pari. Nous parions toujours et forcément en fait, par nos actes, le plus souvent aussi théoriquement, en adoptant tels ou tels principes de morale, en définissant de telle ou telle façon le bien et le mal. Il y a donc, par le fait même que tous les hommes sont simultanément individus et bêtes de troupeau, deux types principaux de paris, selon que dominera dans un individu le souci de sa propre personnalité ou le souci du troupeau auquel il appartient. Les uns inclinent, soit en fait, soit en principe, à subordonner leur bonheur égoïste ou la perfection de leur moi à l'intérêt du troupeau — ils parient donc pour la morale altruiste; — les autres inclinent au contraire à subordonner le bonheur ou la perfection du troupeau à l'intérêt de leur personnalité — ils parient pour la morale individualiste. Nietzsche, comme nous l'avons vu, parie résolument pour l'individu. Or l'immense majorité des hommes civilisés parie aujourd'hui, sinon en fait et par ses actes, du moins en théorie, par les doctrines qu'elle professe, en faveur de la morale du « troupeau »... L'aversion que Nietzsche rencontre chez le « troupeau » est la contrepartie naturelle de la haine exaspérée que lui-même voue à ceux qui prônent l'idéal altruiste » (36).

La comparaison de l'empirique, de l'ignorant — et ne le sommes-nous pas tous, plus ou moins, dans ces questions obscures? — avec le parieur est fine et heureuse; mais la doctrine, si je puis parler ainsi, sur laquelle repose le sorite de M. Lichtenberger, ne me semble pas des mieux fondées. Parvenu à un certain degré de culture (degré auquel, chez les civilisés, l'enfant et l'homme de l'instruction primaire ne sauraient encore prétendre, et que de nombreuses causes de déchéance organique peuvent facilement faire perdre à celui qui le possède), on cesse d'être à la fois individu, dans le sens simpliste du terme, et bête de troupeau, pour réaliser une synthèse qui renferme les deux termes précédents comme des échelons inférieurs et déjà dépassés. A ce point de vue, la collision entre les intérêts de l'individu et ceux de la société, collision qui conduit à l'étrange et toujours irrationnelle gageure morale, se découvre comme aussi futilement imaginaire que les vieilles antinomies (Dieu et le Monde, le noumène et le phénomène, etc.), où s'étanchait la soif métaphysique et qui, elles aussi, se solutionnaient par des sortes de paris.

Sacrifier le bonheur ou la perfection de son « moi » au bonheur ou à la perfection « d'autrui », — voilà la chose impossible par excellence, si, comme nous le pensons, le « moi », dans sa partie sociale, est le produit, l'effet « d'autrui ». Ce que l'individu, dans les cas qui donnent lieu à cette fausse interprétation, immole à la société, au Moloch collectif (puisque c'est décidément ainsi que le fils irrévérencieux et ingrat appelle sa mère), ce sont les éléments « asociaux », purement physiologiques de son bonheur ou de sa perfection (santé, longévité, certains assouvissements d'instincts et de passions d'origine et de nature organique, enfin la vie physique elle-même). Et, *vice versa*, il est tout aussi impossible de sacrifier le bonheur ou la perfection « d'autrui » au bonheur ou à la perfection de son « moi » social. Ce serait vouloir annihiler la cause pour produire l'effet, ce serait vouloir tarir la source de la félicité ou de la perfectibilité individuelles. Ce que le « moi » peut, le cas échéant, ce que même il doit immoler, ce qu'il doit chercher à détruire, par tous les moyens, afin d'assurer son propre bonheur, ce sont les préjugés sociaux, les ignorances multiples, les empirismes fâcheux des collectivités, les fausses idées qu'elles se forment sur les conditions qui assurent leur prospérité et leur progrès.

« La terre tourne autour de son axe, mais en même temps autour d'un autre centre, le soleil ; c'est ainsi que la vie terrestre de l'homme tourne autour des fins du « moi »; mais en dehors de celui-ci est le soleil de l'idée, du bien, etc. Tous les esprits des hommes ou pour le moins des races supérieures se meuvent, en vertu de la nature originairement noble du genre humain, d'après les lois d'une force éternelle d'attraction, autour de cette *idée de la bonne fin*, autour de cette idée dont nous pressentons qu'elle pénètre le grand tout de la création, dont nous savons qu'elle doit pénétrer tout l'empire de l'humanité. » Ainsi parle, non pas Zarathustra, mais l'un de ses nombreux ancêtres intellectuels, le sociologue allemand Lazarus (37). Et voici ce qu'écrivait Auguste Comte, un autre ascendant glorieux de Nietzsche-Zarathustra : « Quand même la terre devrait être bientôt bouleversée par un choc céleste, vivre pour autrui, subordonner la personnalité à la sociabilité, ne cesserait pas de constituer jusqu'au bout le bien et le devoir suprêmes » (38). On rapprochera de ce passage les paroles suivantes de Nietzsche dans *Richard Wagner à Bayreuth* : « Si l'humanité entière doit périr un jour (et peut-on en douter?), elle doit placer le but suprême de son existence dans le besoin de s'unir étroitement, afin de pouvoir, en ne formant déjà qu'un seul être, contempler, avec une conscience tragique, sa fin prochaine; c'est par la force de ce but supérieur que se développe tout ce qui ennoblit l'homme. Du moins, je le sens ainsi ! » (39) Et voici encore la déclaration d'un autre prophète, d'un autre précurseur de Nietzsche, Louis Feuerbach : « L'homme vivant isolé, pour lui seul, n'a pas en lui l'essence de l'homme, ni comme être moral, ni comme être pensant. L'essence de l'homme n'est contenue que dans la société, dans l'union intime de l'homme avec l'homme, — union qui toutefois repose sur la distinction réelle du moi et du toi. L'isolement est le fini et le limité; l'association est la liberté et l'infinité. L'homme pour lui-même est homme (dans le sens usuel); l'homme avec l'homme, l'unité du moi et du toi, est Dieu » (40). Écoutons enfin ce que dit un philosophe trop peu lu aujourd'hui, Roberto Ardigo, cet ancien chanoine du chapitre de Mantoue qui, touché soudain par la grâce positiviste, dépouilla la robe de prêtre et consacra sa vie à la méditation des plus graves problèmes philosophiques et moraux : « L'esprit de solidarité est comme le sang qui circule dans l'organisme, il n'est pas nécessaire que la circulation soit sentie pour qu'elle se fasse, et de même il n'est pas nécessaire que les actions désintéressées soient agréables pour qu'elles soient accomplies... L'activité humaine est déterminée à se mouvoir par une idée, par une idée sociale (*idealità sociale*). Cette idée implique la prévision, déterminée ou vague, d'une réaction de la part des autres hommes, ou d'une sanction de cette même idée; et de telle façon que la représentation de la sanction prévue concourra plus ou moins distinctement au mouvement produit. C'est pourquoi l'idée motrice apparaît comme obligatoire... Une telle prévision et par conséquent ce qu'on appelle la responsabilité n'existent pas dans la conscience *à priori* ; elles ne s'y trouvent qu'en raison de l'expérience qui a été faite de la réaction du milieu social... En vertu de la formation psychique, cette expérience se convertit petit à petit en spontanéité morale (impulsion native) fonctionnant d'elle-même et se manifestant dans les rapports de l'individu avec la souveraineté sociale, avec ses égaux, avec lui-même. Elle est essentiellement anti-égoïste, parce qu'elle est l'empreinte, l'image et le résumé du travail de la société et des corrélations de ses parties dans leur fonctionnement respectif en vue du tout » (41).

Sympathie d'Adam Smith, « tuisme » de Feuerbach, altruisme d'Auguste Comte, pitié de Schopenhauer, finalisme collectif de Lazarus, idéalité sociale d'Ardigo, toutes ces prétendues entités et bien d'autres du même genre, si imparfaites et si vagues qu'elles puissent nous paraître, ne sont pas de vains spectres éclos à la faveur des ténèbres nocturnes, mais des généralisations tirées de l'expérience à la fois séculaire et journalière, des déductions conformes à la réalité des choses à la fois immanente et « transitive » (ou extériorisée). Nietzsche vient, à son tour, renforcer et agrandir le faisceau lumineux, il lui annexe un rayon de clarté nouvelle. Son Zarathustra prêche une forme d'altruisme plus élevée, moins précaire, plus indéfectible que le vieil amour du prochain. « Je vous le dis, en vérité, votre amour du prochain est un mauvais amour de vous-mêmes. Vous vous sauvez de vous-mêmes vers le prochain; et de cette fuite vous voudriez faire une vertu; mais je vois à travers votre « désintéressement ». Le « tu » est plus ancien que le « moi »; le « tu » a déjà été proclamé sacré, mais le « moi » pas encore : et l'homme se rue vers son prochain.... Plus haut que l'amour du prochain est l'amour du lointain et du futur; et plus haut que l'amour pour l'homme est l'amour pour les choses et les purs esprits. Ce fantôme, qui court devant toi, mon frère, est plus beau que toi; pourquoi ne lui donnes-tu pas ta chair et tes os? Mais tu as peur et, éperdu, tu fuis vers ton prochain » (42).

L'amour de l'abstrait, de l'idée, non pas substitué à l'amour du concret, du matériel, mais venant le pénétrer, le transfigurer, le purifier, l'auréoler, lui donner ce qui lui manquait le plus, la durée, la stabilité, la profondeur, — voilà, certes, une conception de l'altruisme qui mérite qu'on l'examine, qui nous sort des sentiers battus, des voies banales. « Il y a des questions qui dépassent de cent coudées, déclare Nietzsche, les problèmes de la joie, de la douleur et de la pitié; et toute philosophie, basée exclusivement sur la considération de cette dernière espèce de problèmes, ne sera jamais qu'une naïveté. » Telle lui apparaît, en définitive, la doctrine de son maître bien-aimé, Schopenhauer, posant la règle du *læde neminem* et réduisant le contenu entier de la morale à la compassion, à la forme la plus basse et la plus vulgaire de l'amour d'autrui. Les hautes montagnes auraient-elles donc disparu de la surface du globe, et n'y aurait-il de place, sur la terre, que pour les paisibles vallons, les gras « pâturages du bonheur »?

En somme, Nietzsche pense que la morale actuelle doit être rebâtie de fond en comble. L'édifice, trop vermoulu, ne saurait supporter des réparations de détail. Il faut même se hâter d'en sortir avant qu'il ne s'effondre et ne nous écrase sous ses ruines. Et sur un emplacement plus large, il faut commencer par jeter de nouvelles et plus fortes assises. Il faut mettre la raison et le savoir à la place de « la suggestion sentimentale, petite-fille du jugement qui lui-même est souvent faux » (43). Nietzsche possède au plus haut degré le courage scientifique, dans le sens que ce mot offrait à l'époque des Kepler, des Giordano Bruno, des Galilée, — alors que les sciences de la nature ployaient sous le joug et devaient soutenir le choc de la masse énorme des préjugés religieux. Aujourd'hui, ce sont les partis pris, les infatuations sociales, les préconcepts moraux, répandus partout dans le monde, qui accablent de leur poids mort les tentatives émancipatrices du sociologue. Nietzsche n'en est que plus excité à faire route neuve. Mais on peut à bon droit s'étonner de voir ce professeur de philologie, imbu d'études gréco-latines et qui ne fréquenta ni laboratoires ni cliniques, appliquer avec une intuition sûre, aux recherches de l'ordre le plus complexe, les règles éprouvées de la méthode expérimentale. Nietzsche pose de la même manière, en grand naturaliste, le problème moral et le problème de la connaissance. Le Mal (ce que tout le monde nomme ainsi) ne serait-il pas le Bien, se demande-t-il, et l'Erreur (ce que tout le monde estime comme telle) ne serait-elle pas la Vérité? Ensuite, pour justifier ou vérifier l'audacieuse position du double problème, il fait ce pas logique : il glorifie *hypothétiquement* le Mal et l'Erreur. C'est la hardiesse inouïe de cette demi-expérience scientifique que les cerveaux lourds et routiniers (et les Prudhomme pullulent dans tous les camps, les Homais appartiennent à tous les partis) ne lui pardonnent pas ; et l'on affecte de prendre à la lettre ses éloquentes diatribes contre la foule, le peuple, le niveau démocratique, ou encore ses plaidoyers en faveur de la force, de la cruauté, de la guerre! Rien de plus naturel, au reste : certaines expériences sont dangereuses de leur nature, et leurs auteurs en deviennent souvent les premières victimes; c'est ce qui est arrivé, en partie, à Nietzsche. Un seul exemple suffira à faire saisir le vrai caractère des reproches et des blâmes qu'on lui adresse. Admirée sans réserve chez les stoïciens antiques, la simple et claire division des hommes en « sages » et en « fous » est honnie à l'égal d'un crime de lèse-humanité chez Nietzsche, ce grand stoïque de notre époque : pourquoi, en effet, s'avise-t-il de nous dire qu'il y a de par le monde des « *maîtres* d'eux-mêmes » et des « *esclaves* par leur propre volonté », et pourquoi veut-il nous apprendre que la morale et la conduite des uns n'est pas la morale et la conduite des autres?

Je conclus en affirmant que Nietzsche n'a jamais

prêché ni apothéosé l'égoïsme. Non pas de parti pris ou par respect humain ; mais parce que ses méditations et ses analyses multipliées le conduisirent à un résultat diamétralement contraire. Tout ce qu'il écrivit sur cette question tend à confirmer, d'une façon indirecte, les trois thèses que nous avons posées et défendues nous-mêmes dans notre *Ethique*, à savoir : 1° qu'il faut distinguer entre le besoin de conservation (ou, selon d'Holbach, la faculté de durer) organique et la même appétition, devenue surorganique, s'appliquant à *l'individu social* ; 2° que seule, cette dernière tendance peut porter le nom d'*égoïsme*, sentiment déjà social, produit et gouverné par des idées, des connaissances ; et sentiment qui manque, dans la même mesure que les idées ou les connaissances, chez les animaux ou, en général, chez les êtres « asociaux », chez lesquels il est remplacé par un instinct beaucoup plus simple ; 3° que l'égoïsme ainsi compris et défini est tout bonnement une *forme primordiale*, par suite peu développée, ou un degré évolutif inférieur du sentiment que plus tard, lorsqu'il s'appuiera d'idées plus larges, plus saines, plus justes et de connaissances, surtout de connaissances sociales, plus étendues et plus approfondies, nous qualifierons d'*altruiste*.

Je ne veux pas ouvrir ici un nouveau débat sur ces thèses ; mais je ne puis m'empêcher, en les énonçant encore une fois, de les faire suivre par la courte remarque que voici. L'opposition fondamentale (ou générique, et non pas seulement spécifique) de l'égoïsme à l'altruisme est aussi futile que l'antithèse, également radicale, entre l'individu et la société. Le cerveau de l'homme n'est pas le théâtre d'une lutte constante entre adversaires irréconciliables, — selon l'image qui agrée à la fantaisie encore ataviquement guerrière, militariste ou féodale de nos psychologues les plus renommés; et similitude pour similitude, pourquoi ne choisirions-nous pas, en concordance avec l'esprit plus pacifique et industrieux de notre époque, celle d'un champ ensemencé où lèvent et mûrissent des moissons d'essence toujours pareille, mais d'une richesse, d'un rendement différent?

IX

Nietzsche a-t-il été « l'assassin de la pitié » ? Ou du moins, puisque la victime paraît être bien vivante, essaya-t-il de lui porter le coup fatal? Le bruit en a couru.

Mais ici encore, les mots nous abusent. Et la métaphore qui assimile un progrès à un meurtre, est vraiment trop violente. Nietzsche cherche et découvre — dans les plis cachés des événements et de l'âme humaine qui en garde le reflet — une valeur morale nouvelle. Il constate un fait apparent : la jeune pitié des époques barbares ou héroïques a terriblement vieilli; elle est devenue faiblarde, pleurnicharde, douillette, accablée de petits besoins, assoiffée de petits égards, introspective, ruminante — et quasi insupportable. Il estime par suite qu'il faut la remplacer par un sentiment neuf, plus en rapport avec les idées de justice égale pour tous qui ont fait quelque chemin dans le monde depuis l'époque des Confucius, des Lao-Tsé, des Buddha, des Christ, des Mahomet, et même des Platon et des Aristote, des Bacon, des Descartes et des Spinoza; par un sentiment qui sera une sorte de *surpitié* et auquel, faute d'une appellation plus congrue, et par simple contraste avec l'ancienne et décrépite compassion, lui-même donnera le nom de *dureté*. A-t-il eu tort? Et ce tort ne consista-t-il pas surtout à croire que la foule, le commun des hommes — à qui, cette fois, il a voulu parler, de qui, cette fois, il a voulu se faire entendre — n'eussent rien compris à sa forme haute et noble de pitié, à la vibration d'amour qui ne blesse pas celui qui la provoque, qui honore virilement le malheur et la souffrance, qui ne prétend pas, le regard fuyant, soulager l'infortune « sans remède possible », qui n'abaisse personne, qui éveille le courage de vivre au cœur de « l'être le plus hideux, du monstre à face humaine » (44), qui est originellement dure envers le « moi », qui ne l'est envers « l'autrui » que par suite d'un réflexe, d'une réaction nécessaire?

« Voici la nouvelle loi, ô mes frères, s'écrie Zarathustra, que je promulgue pour vous : *Devenez durs!* » — Avant tout, envers vous-mêmes : et c'est déjà la loi d'amour, le seul moyen efficace pour l'appliquer dans toute sa rigueur. Ainsi, du reste, l'entendait, sinon le christianisme des esclaves de Rome, que nous connaissons mal, du moins celui des barbares européens, l'ascétisme des « maîtres », dont notre morale procède en ligne directe. C'est à cette condition seule que l'instinct de grandeur, contrariant une tendance dominante, peut recevoir pleine satisfaction chez les orgueilleux, les forts, les impitoyables. Et ensuite, devenez durs envers autrui : et c'est encore la même loi d'amour, se révélant sous un aspect étrange, inattendu, signalant un nouveau moyen de faire régner une juste égalité parmi les hommes. Car c'est à ce prix seul que chez les faibles, les lâches, les compatissants, l'instinct d'humilité, en contrariant sa tendance ordinaire, se peut transformer en instinct de grandeur et s'affirmer comme tel (45).

La claironnante — et peut-être quelque peu tapageuse — maxime nietzschéenne est donc flexible comme le roseau pensant dont elle prétend régler la conduite à venir. Elle est bilatérale, elle n'a pas l'uniformité morne du principe de charité auquel elle s'oppose, qu'elle condamne formellement. Mais cette plasticité même prouve qu'il s'agit, par le fait, non pas de théorie, mais d'application, non pas de morale, mais de moralité. Dans le vaste champ de l'action, la même loi d'amour s'accomplit, selon les cas, de façon diverse; tandis que le plomb touche le sol, la plume s'élève dans l'air. L'enseignement moral de Nietzsche se courbe, se rapetisse pour atteindre le niveau des esprits et des cœurs simples : aux trop forts il demande un peu de faiblesse, aux trop faibles, un sursaut d'énergie; aux trop bons, de la méchanceté; aux méchants, de la bonté. « Que ta bonté, dit Zarathustra à l'homme naturellement dur, soit ta dernière victoire sur toi-même. Je te crois capable de toutes les méchancetés, c'est pourquoi j'exige de toi le Bien. » Nietzsche a clairement vu que la même règle de conduite produit, dans des conditions différentes, des effets qui nous semblent opposés. Le principe moral qui commande la bonté et la pitié dans un milieu barbare et grossier, commandera leur contraire — ce que le monde appelle insensibilité, cruauté, etc. — dans un milieu surmené, raffiné, où la bonté est devenue une forme de faiblesse hystérique et la pitié une maladive convulsion égoïste. Mais l'exemple cité plus haut, du morceau de plomb et du brin de plume, permet de mesurer l'écart qui existe entre la loi empirique et la loi rationnelle. A ce point de vue, on pourrait même affirmer qu'en proclamant sa fameuse règle de morale appliquée, Nietzsche a simplement voulu rappeler à l'ordre, au juste sentiment des convenances et des « distances », l'empirique morale du jour qui déjà se donnait des airs de théorie scientifique.

« Savoir souffrir, dit Nietzsche, est peu de chose : de faibles femmes, même des esclaves passent maîtres en cet art. Mais ne pas succomber aux assauts de la détresse intime et du doute troublant quand on inflige une grande douleur et qu'on entend le cri de cette douleur, — voilà qui est grand, voilà qui est une condition de toute grandeur » (46). Dans ces lignes Nietzsche n'énonce aucune vérité inconnue. Depuis de longs siècles, à côté de la souffrance patiemment subie s'érigeait la souffrance noblement infligée, soit au nom du devoir, du bien public, soit au nom de l'honneur, du bien personnel et intime. Et toujours l'humanité admira ces deux faces de la grandeur tragique. Mais Nietzsche innove réellement, il découvre un nouvel aspect de la sauvage « Passion humaine » dans un de ses meilleurs apologues intitulé : *Les trois transformations*. L'esprit de l'homme, y dit-il, est d'abord pareil au chameau qui, facilement agenouillé, reçoit et porte avec patience les charges les plus lourdes ; puis semblable au lion, fou d'indépendance, grisé de liberté et qui rugit : « Je veux » à la face du grand dragon de la Loi révélée, l'unique dépositaire de toutes les valeurs morales, la bête monstrueuse dont chaque écaille, avec son inscription « Tu dois », brille dans la nuit comme une flamme d'or. Une dernière métamorphose assimile l'esprit à l'enfant qui danse et qui rit, qui crée des valeurs inédites en se jouant, qui est « innocence et oubli, un renouveau, un jeu, une roue qui roule d'elle-même, un premier mouvement, une sainte affirmation »; à l'enfant dont la force sereine, ajoute Nietzsche, dépasse la puissance furibonde du lion (47).

Ainsi cette science tragique, savoir faire souffrir, ne convient qu'à une phase passagère de la vaste épopée humaine. Il s'agit de terrasser le monstre divin, de faire voler en éclat ses tables de lois, de disperser au vent du désert ses mille écailles flamboyantes. La dureté — aussi bien envers soi qu'envers autrui — ne sied qu'à cette rude besogne. Une douceur infinie, une facilité de vivre étonnante succédera à la chute de tous les « impératifs », absolus et arbitraires, présomptueux et empiriques. Ainsi le rêva Zarathustra.

On comprend, dès lors, que la « religion de la douleur humaine » ait dû révolter Nietzsche comme une morale d'esclave. C'est, pour lui, un autre nom de la peur, de l'effroi qu'inspire à l'homme moderne la souffrance. Celui-ci ne la supporte plus chez ses semblables parce qu'elle l'épouvante pour lui-même. « Vous voudriez, dit Nietzsche aux hommes, abolir la souffrance. Et nous? — nous voulons, semble-t-il, la vie plus dure, plus mauvaise qu'elle ne l'a jamais été! C'est à l'école de la souffrance, de la grande souffrance — ne le savez-vous donc pas? — c'est sous ce dur maître seulement que l'homme a accompli tous ses progrès. Cette tension de l'âme qui sous le poids du malheur se raidit et apprend à devenir forte, ce frisson qui la saisit en face des grandes catastrophes, son ingéniosité et sa vaillance à supporter, à endurer, à interpréter, à utiliser l'infortune, et tout ce qui lui fut jamais donné de profondeur, de mystère, de dissimulation, de sagesse, de ruse, de grandeur : — tout cela ne l'a-t-elle pas acquis à l'école de la souffrance? » *Votre pitié*, conclut-il, va à ce qui dans l'homme doit, pour sa liberté et son bonheur, « être taillé, brisé, forgé, déchiré, brûlé, passé au feu, purifié... Et *notre* pitié — ne comprenez-vous pas à qui elle va, inversement, notre pitié à nous, quand elle se met en garde contre votre pitié comme contre la pire des faiblesses et des lâchetés? — Ainsi donc : pitié *contre* pitié! » (48)

Au fond du cœur de ce stoïcien moderne, comme au fond de celui des stoïciens antiques, on découvre sans peine le vieux ferment qui fit lever la doctrine d'Epicure. Mais chacun comprend le bonheur comme il l'éprouve. Chez Nietzsche, l'eudémonisme subit une terrible crise de croissance. Nietzsche toise avec une méprisante ironie le bonheur banal, digne du vil troupeau qui s'en contente; et les hommes satisfaits, unités de ce troupeau, lui paraissent comme autant de nains rampants : « Je marche au milieu de ce peuple et j'ouvre les yeux, dit son Zarathustra : ils sont devenus plus petits et continuent toujours à devenir plus petits : c'est leur doctrine du bonheur et de la vertu qui fait cela ». Le bonheur, selon Spinoza, n'est pas la récompense de la vertu, mais sa force. Nietzsche abonde dans le même sens : « Vous voulez encore être payés, ô vertueux! s'écrie-t-il; et maintenant vous m'en voulez de ce que j'enseigne qu'il n'y a ni rétributeur, ni comptable (49) ».

Les diatribes de Nietzsche contre l'idéal vulgaire du bonheur et contre cette compassion que les impuissants ne cessent de réclamer comme la plus sûre garantie de leur part misérable de félicité dans ce monde, ces sorties violentes restituent son vrai sens à la fameuse distinction entre la morale des maîtres et celle des esclaves. Ce dualisme est une page d'histoire, une fine analyse du passé qui pèse encore lourdement sur l'époque présente, elle n'est pas, elle ne saurait être un pronostic, une prévision de l'avenir. La pitié et sa forme active, la charité, sont manifestement des qualités de maîtres; l'inégalité sociale y trouve son compte, elle ne possède point de meilleure soupape de sûreté. La pitié ne remplace pas, comme la justice, l'inégalité biologique par l'égalité sociale; elle souligne, au contraire, elle tend à perpétuer la première. C'est par la connaissance, par la vue claire des choses et des êtres que nous pénétrons au cœur de la nature et que nous établissons entre l'univers et notre « moi », individuel ou collectif, un lien sensible, une harmonie durable, l'authentique faculté de compatir, de vibrer à l'unisson. En condamnant la forme vulgaire ou empirique de la pitié, Nietzsche se prononce donc, en réalité, contre la morale des maîtres, phase notoirement empirique de l'évolution sociale. Ne prêche-t-il pas d'ailleurs, à l'occasion, l'immoralisme, fondé sur le rejet de la morale historique, et n'en fait-il pas la pierre d'assise ou d'*attente* de toute sociologie, de toute éthique rationnelle future? (50).

Nietzsche a écrit deux ou trois pages superbes sur l'obscure et louche échoppe où se fabrique, sur terre, l'idéal. Et ces pages — il s'en doutait peut-être — forment comme une réponse indirecte aux soupçons, aux reproches, aux accusations sans nombre dont sa pensée a été et continue d'être la cible. Nietszche nous invite à descendre dans la cave mystérieuse. « Allons : d'ici le regard plonge sur le sombre atelier. Attendez un peu, il faut que votre œil se fasse à ce jour faux et douteux... Voilà! c'est bien! Parlez à présent! Que se passe-t-il là au fond? Dites ce que vous voyez. — Je ne vois rien, mais je n'entends que mieux. Ce sont des murmures et des chuchotements qui s'échappent, sournois, discrets, de tous les coins et recoins. Il me semble qu'on *ment*; une *douceur mielleuse* englue chaque son. La faiblesse doit être changée en mérite par quelque tour de passe-passe, ce n'est pas douteux... » Et Nietzsche nous montre les faux-monnayeurs à l'œuvre; il nous décrit les moindres détails de l'ignoble besogne, la série d'hypocrites mensonges qui peu à peu transforment « l'impuissance de réagir » en « bonté », la « bassesse apeurée » en « humilité », la « soumission à ceux qu'on hait » en « obéissance aux autorités instituées par Dieu ». — « La passivité des faibles, la lâcheté dont ils regorgent » devient la « patience »; le « je ne puis me venger » se lit comme « je ne veux pas me venger » ou comme « je leur pardonne » (car ils ne savent pas ce qu'ils font — mais nous, nous savons ce qu'ils font!) » — et ainsi de suite. Le témoin de l'odieuse cuisine, de l'infâme chimie qui permet aux « esclaves gonflés d'envie et de haine » de changer « toute noirceur en blancheur, lait et innocence », ne résiste pas à son dégoût; il s'enfuit en s'écriant : « Cette échoppe de l'idéal, mais elle pue le mensonge à plein nez! »

L'aversion inspirée à Nietzsche par l'hypocrisie débordante de cynisme, qui transmue les valeurs morales négatives — le ressentiment, la peur, l'envie, la haine, en valeurs morales positives — la pitié, la charité, la justice, l'amour, se comprend et s'explique très bien. Il n'est que trop naturel d'avoir la nausée lorsqu'on assiste, dans les villes, à l'enlèvement des immondices qui iront fertiliser les terres avoisinantes. Mais est-ce là un motif suffisant pour refuser d'admirer, plus tard, la luxurieuse et fraîche végétation qui couvrira le sol? Toutefois, on peut mettre en doute l'existence, chez Nietzsche, d'un dégoût aussi tardif ou prolongé. Ne fut-il pas, en effet, un partisan convaincu de la doctrine qui enseigne l'identité foncière du bien et du mal?

X

Il nous faut, en finissant, mentionner une conception de la morale qui fut particulièrement chère à Nietzsche au temps de sa jeunesse ou de ses premiers débuts d'écrivain; il ne l'abandonna, d'ailleurs, jamais complètement. C'est la conception esthétique, une théorie qui fait de la philosophie de l'art la base de toute vraie métaphysique du monde, et de l'art lui-même le fondement et la justification de la vie et de la conduite rationnelles.

« Ce n'est que comme phénomène esthétique, dit à cette époque Nietzsche, que l'univers trouve sa pleine et peut-être sa seule explication. » Schopenhauer était encore, à ce moment, son maître préféré. Mais déjà son amour de la vie s'insurgeait contre le joug pessimiste et le poussait avec force vers l'optimisme. Or, si le pessimisme est toujours, au fond, une confusion, un chaos et, par suite, un désordre et un mal, l'optimisme se découvre constamment, en dernière analyse, comme un choix, une sélection et, par là même, une harmonie et un bien. Comparer les objets de la connaissance pour s'ar-

rêter sur tels de leurs traits, de leurs attributs qui, au lieu de déprimer la vie et l'action, les stimulent, — voilà la première et la plus noble destination de l'art. A cette fin s'ajoute une fonction dérivée : conserver la mémoire des caractères choisis en les fondant ensemble, en les unissant par des liens concrets, en les revêtant de formes symboliques. L'art est donc essentiellement un optimisme. Et voilà pourquoi Nietzsche a voulu en faire le bouclier protecteur, l'abri familier de toute vie heureuse. L'art seul, pensait-il, peut vaincre ou atténuer les conséquences pratiques du pessimisme; et il en donnait pour preuve la civilisation grecque, que son culte de la beauté sauva de l'immobilisme, du rêve stérile, de l'abdication bouddhique. Au surplus, et en fidèle disciple de la doctrine qui accorde à l'action la primauté sur la pensée, Nietzsche estimait que ce n'est pas la connaissance pure, mais bien l'acte producteur de valeurs nouvelles qui nous attache à la vie et nous la fait aimer (51).

Dans ses livres, Nietzsche a semé un peu au hasard beaucoup d'idées vraies, de notions justes sur l'esthétique et la nature intime de cette force, de cette vertu que les anciens se refusaient à définir et à laquelle nous donnons le nom de Beauté. Cependant, il rejette, sans chercher à en approfondir le sens, la définition de Kant : « Le Beau est tout ce qui plaît d'une façon désintéressée », et il lui oppose celle de Stendhal : « La Beauté est une promesse de bonheur ». Il ne voit pas, en somme, que le philosophe et le romancier disent exactement la même chose, l'un, d'une façon abstraite et un peu vague, l'autre d'une manière plus concrète et plus précise.

Le désintéressement est-il si impersonnel et si détaché qu'on veut bien le dire, et ne constitue-t-il pas lui-même, en vérité, l'une des cimes les plus hautes de la fabuleuse montagne du bonheur?

Nietzsche reconnaît déjà — en termes injustement blessants et ironiques, mais qu'importe? l'essentiel était de l'admettre — les liens étroits de dépendance qui existent entre l'art et la philosophie. « Les artistes, dit-il, furent de tout temps les laquais d'une morale, d'une philosophie ou d'une religion... Ils ne sont jamais eux-mêmes, un tel isolement est contraire à leur instinct le plus profond; c'est ainsi, par exemple, que Richard Wagner, lorsque le temps en arriva, prit pour guide et protecteur Schopenhauer » (52). Il comprend aussi que l'art est le grand stimulateur de l'action. Il nous donne, sur cet aspect du problème esthétique, des aperçus d'une finesse merveilleuse. « Toutes les espèces d'ivresses, dit-il par exemple, fussent elles conditionnées le plus diversement, ont puissance d'art : avant tout l'ivresse de l'excitation sexuelle, cette forme de l'ivresse la plus ancienne et la plus primitive. De même l'ivresse qui accompagne tous les grands désirs, toutes les grandes émotions; l'ivresse de la fête, de la lutte, de l'acte de bravoure, de la victoire, de tous les mouvements extrêmes,... enfin l'ivresse de la volonté, l'ivresse d'une volonté accumulée et dilatée. L'essentiel dans l'ivresse, c'est le sentiment de la force accrue et de la plénitude. Sous l'empire de ce sentiment, on s'abandonne aux choses, on les force à prendre de nous, on les violente, — on appelle ce processus : *idéaliser*. Débarrassons-nous ici d'un préjugé : idéaliser ne consiste pas, comme on le croit généralement, en une déduction et une soustraction de ce qui est petit et accessoire. Ce qu'il y a de décisif, c'est, au contraire, une *formidable* érosion des traits principaux, en sorte que les autres traits disparaissent... Dans cet état, on enrichit tout de sa propre plénitude : ce que l'on voit, ce que l'on veut, on le voit gonflé, serré, vigoureux, surchargé de force. »

Le sens profondément ou plutôt exclusivement humain — donc, social — que la beauté doit à sa double origine — nos connaissances particulières, nos croyances générales — n'a pas échappé non plus à l'œil pénétrant de Nietzsche. Ses observations sur ce sujet sont à la fois lumineuses et suggestives; elles possèdent elles-mêmes cette beauté qu'elles ont pour but de nous faire comprendre et qui appartient aux vérités « de choix ». — « Rien n'est plus conditionnel, disons *restreint*, affirme, par exemple, Nietzsche, que notre sens du beau. Celui qui voudrait se le figurer dégagé de la joie que l'homme cause à l'homme, perdrait pied immédiatement. Le « beau en soi » n'est qu'un mot, ce n'est pas même une idée. Dans le beau, l'homme se pose comme mesure de la perfection ; dans des cas choisis, il s'y adore... L'homme se figure que c'est le monde lui-même qui est surchargé de beautés, — il *s'oublie* en tant que cause de ces beautés. Lui seul l'en a comblé, hélas! d'une beauté très humaine, trop humaine seulement! En somme, l'homme se reflète dans les choses, tout ce qui lui rejette son image lui semble beau : le jugement « beau », c'est sa *vanité de l'espèce...* » Par contre, naturellement, tout ce qui est laid affaiblit et attriste l'homme. Nietzsche est très catégorique sur ce point. La laideur, selon lui, fait songer à la décomposition, au danger, à l'impuissance (nous eussions dit : à la confusion, matérielle et surtout intellectuelle, à l'incompréhension, au désordre et à leur suite commune, la faiblesse). — « On peut, affirme Nietzsche, mesurer au dynamomètre l'effet de la laideur. En général, lorsque l'homme éprouve un état d'affaissement, il flaire l'approche de quelque chose de « laid ». Son sentiment de puissance, sa volonté, son courage, sa fierté — tout ceci s'abaisse avec le laid et monte avec le beau.... Dans les deux cas, nous *tirons une conclusion* : les prémisses en sont amassées en abondance dans l'instinct. Nous entendons le laid comme un signe et un symptôme de la dégénérescence : ce qui rappelle de près ou de loin la dégénérescence provoque en nous, par réaction, le jugement « laid ».... Ici, une haine jaillit : qui l'homme hait-il ici? Mais il n'y a à cela aucun doute : l'*abaissement de son type*.... Dans cette haine il y a un frémissement, de la prudence, de la profondeur, de la clairvoyance, — c'est la haine la plus profonde qu'il y ait. C'est à cause d'elle que l'art est profond.... »

L'art est un merveilleux stimulant de la vitalité, ou plutôt, puisque nous foulons ici le sol social ou moral, de l'activité; de toutes les sortes d'activité, depuis la plus basse, la plus sensuelle, jusqu'à la plus haute, la plus intellectuelle. Aussi tend-il toujours à revaloir à ses grands tributaires, le savoir particulier et la pensée générale, en leur donnant un essor nouveau, ce qu'il reçoit d'eux. Et l'art pour l'art, comme l'a très bien vu Nietzsche, est une formule équivoque qui sert à dérober à nos yeux l'action particulière que la beauté tend à exciter, à laquelle elle veut se dévouer. « Que fait toute espèce d'art? demande à ce propos Nietzsche. Ne loue-t-elle point? ne glorifie-t-elle point? Avec tout cela l'art *fortifie* ou *affaiblit* certaines évaluations..... N'est-ce là qu'un accessoire, un hasard? Quelque chose à quoi l'instinct de l'artiste ne participerait pas du tout? Ou bien la faculté de *pouvoir* de l'artiste n'est-elle pas la condition première de l'art? L'instinct le plus profond de l'artiste va-t-il à l'art, ou bien n'est-ce pas plutôt au sens de l'art, à la *vie*, à un *désir de vie*? » (53).

Revenons à la conception esthétique de la morale, ou plutôt, de ce que la morale commande, de la vie, de la conduite humaine, conception commune à Nietzsche et à Schopenhauer. Les idées de Nietzsche sur l'essence de l'art et sur la nature de ses réactions sociopsychiques sont très inégales. Parmi les notions justes et claires se glissent, à tout moment, des idées mal définies et de notables erreurs.

Pour Nietzsche, comme pour Schopenhauer, la beauté est une sensation attachée à l'exercice de nos facultés cognitives. Elle met l'homme qui la ressent en une intime communion avec la nature, elle fait surgir à ses yeux l'univers comme spectacle, comme représentation. La joie esthétique est une conséquence du savoir : cette conception des deux philosophes est capitale, elle est profonde. Mais le commentaire que tous deux y joignent, à savoir, que l'art transforme la douleur d'agir, inséparable de la vie, en douceur de contempler (de se contempler parfois soi-même comme acteur), inséparable de la connaissance, cette nouvelle thèse soulève de nombreuses objections. Du reste, c'est à ce point précis qu'entre le maître et le disciple éclate une divergence grave. Le degré d'intensité que la joie esthétique, la joie contemplative se montre capable d'acquérir, s'apprécie diversement par chacun d'eux. Schopenhauer ne pense pas que le plaisir d'art, dérivé de la connaissance, puisse jamais arriver à balancer la douleur de vivre, ou parvenir à étouffer la voix de notre conscience nous avertissant qu'il faudra, sous peu, recommencer à agir, c'est-à-dire à souffrir. Et Nietzsche incline à croire que le plaisir de contempler compense, et même au-delà, la douleur liée à l'action; il conclut, par suite, en optimiste, que la vie vaut la peine d'être vécue.

Mais si juste que soit le point de départ des deux penseurs (avec cette correction, que ce n'est pas la science, mais bien la religion et la philosophie qui déterminent directement le phénomène esthétique), il ne paraît nullement démontré que la simple cessation de l'acte, son remplacement par la contemplation (celle-ci n'est-elle pas, à son tour, un mouvement et une façon de se conduire?) suffise à provoquer la pure jouissance de l'artiste. Pour pouvoir l'admettre, il faudrait d'abord prouver — et Nietzsche avec Schopenhauer se contentent d'une simple affirmation — que tout acte est toujours, par sa nature même, une douleur. Or, seule, l'activité qui s'exerce avec effort est pénible; dépouillée de cette condition, elle apparaît, tel le jeu chez les enfants, comme un plaisir. Et toute connaissance tend à donner à l'action ce caractère aisé, léger, joyeux; tandis que l'ignorance accumule les empêchements imprévus, les obstacles parfois insurmontables. Le *ton* spécial, si l'on peut s'exprimer ainsi, de toute activité dépend de la connaissance particulière correspondante; mais son ton général — résultat d'une balance à établir entre les actes forcés (ou ignorants) et les actes libres (ou savants) — dépend de nos idées religieuses ou philosophiques. La conception *totale* du monde est seule capable de colorer — en plaisir ou en douleur — l'activité *totale*. La philosophie est le véritable *clearing-house* de toute existence humaine; son affaire est d'établir le compte d'une vie, de décider si elle fut digne d'être vécue ou si elle n'en valut pas la peine.

En somme, loin d'être une cessation d'activité, de mouvement, le plaisir esthétique est lui-même une activité, un mouvement. Tout au plus peut-on l'assimiler à une interruption de l'activité forcée, pénible, bientôt suivie non pas par la contemplation pure du savant ou du philosophe, mais par une nouvelle activité qui résulte de cette double contemplation et qui, cette fois, est libre, qui s'accomplit sans effort, qui s'accompagne d'une joie profonde et possède une douceur incomparable. L'art ne peut pas se substituer à la philosophie, comme celle-ci ne peut pas se substituer à la science. Toute tentative faite dans cette direction est et restera une erreur, un jugement faux, un illogisme.

L'art est un maillon précieux de la chaîne qui lie ensemble les diverses formes essentielles de l'activité sociale, depuis l'activité, dite contemplative, du déchiffreur d'énigmes scientifiques jusqu'à celle — si inquiète, si turbulente par comparaison — du praticien, du héros de la vie privée ou publique. Dans cette suite causale, l'art apparaît et s'affirme avec force chaque fois que notre conception du monde, tendant à devenir homogène, faisant régner quelque ordre et quelque clarté dans nos idées (et la plus naïve religion remplit cet office à l'égal de la plus sublime philosophie), chaque fois que notre conception du monde nous pousse à vouloir réaliser la même harmonie heureuse dans les diverses branches de notre activité pratique. Alors, aidés par les vérités qui déjà éclairent notre route, qui nous permettent d'opérer une sélection consciente (exercice du goût) parmi les innombrables phénomènes qui nous entourent, nous procédons à ce choix, nous faisons de l'art. Ce n'est plus à la faim, à la soif, au besoin sexuel, aux pures émotions physiologiques que nous demandons les critères qui fixent nos préférences; mais nous basons celles-ci sur des motifs, des impulsions d'ordre surorganique, de nature sociale ou rationnelle. L'artiste ne cherche pas à distinguer le vrai du faux, ou le logique de l'illogique (car lui-même s'appuie sur cette distinction, et son art en est la conséquence naturelle), mais il veut séparer le beau du laid, ou plutôt — puisque ces termes précisément forment les inconnues du problème — la vérité excitatrice à l'acte, de l'erreur qui abaisse ou déprime l'activité. Dans cette volonté qui va à la stimulation, et qui évite l'inhibition, résident l'essence de la joie esthétique et son prix énorme pour le bonheur d'une vie.

Si l'on considère enfin les diverses sortes d'activités qui forment la trame dont est tissue toute existence, on s'aperçoit vite qu'elles se laissent ranger en deux grandes catégories : d'une part, la recherche de la vérité, de la sagesse, de la beauté,

— lot d'une minorité d'élite; et de l'autre, l'application, aux mille besoins individuels et sociaux, de la vérité conquise, de la sagesse entrevue, de la beauté choisie, — apanage du grand nombre. L'artiste idéalisera à tour de rôle ces deux genres d'activités. Il évitera de glorifier l'art grossier et populaire (dans le sens de Tolstoï) aux dépens de l'art délicat et raffiné. Chaque fois qu'il s'agira d'avantages pratiques et immédiatement réalisables, la première espèce d'art saura malheureusement toujours se tailler la part du lion. L'artiste cherchera donc plutôt à établir entre les stimulations accordées par l'art à l'activité de l'élite et à celle de la foule, une balance aussi égale que possible. D'ailleurs, les moyens d'expression dont il dispose lui rendent cette tâche — toute d'équité — très facile. Son langage n'est pas une sèche algèbre, ni un idiome compris par telle ou telle race, tel ou tel groupe humain; c'est une langue universelle, vivante, dont les signes et les symboles sont à la portée des plus humbles.

Par contre, l'art ne saurait jamais, réalisant le vœu de Nietzsche, devenir une explication suprême de la vie ou de l'action. L'œuvre d'art n'analyse pas la réalité concrète, elle ne la réduit pas en ses parties constitutives; elle fait juste le contraire, elle donne aux entités abstraites — flamme qu'elle dérobe au ciel de la philosophie et de la science — non pas leur vie première et naturelle, mais une sorte de vie seconde ou factice, symbolique. Une telle *recréation* de la vie et de l'acte — conséquence vraisemblable de l'analyse scientifique et surtout de la synthèse philosophique — est aussi une « récréation » dans le sens dérivé du mot, un jeu, une joie. Il faut se garder de prendre l'effet pour la cause, d'attribuer originellement au concept de beauté ce que les concepts de vérité et de bien y déposèrent. Les disciples de Nietzsche ont tort de contraster la morale des purs esthètes avec celle des esprits qu'ils décrivent comme demeurés en proie à l'illusion de Maïa, comme voulant, par suite, « la justice, la paix, la fraternité, tout ce qui est propre à diminuer dans la Vie l'intensité de la douleur, à faire les hommes pareils entre eux » (54). Seuls, de tels esprits peuvent susciter les grands artistes, car seuls, ils peuvent leur fournir en abondance les idées, les vérités abstraites, les dogmes qui de leur souffle puissant iront animer la matière brute ou inerte de l'œuvre d'art. L'art n'est ni une connaissance ou une conception du monde, ni une action sur le monde, en vue de le modifier, de l'adapter au concept mondial. Il est un terme moyen entre ces deux choses : il découle de la conception et il se déverse dans l'action — cela à la seule fin d'envigorer celle-ci par les joies variées et profondes qu'il sait pouvoir lui procurer.

La subordination nécessaire de l'artiste au philosophe et au savant (et respectivement celle de l'homme d'action à l'artiste) est un trait qui caractérise nettement l'évolution normale des sociétés. On la relève jusque dans les détails les plus infimes de leur marche progressive. En voici un exemple topique. Nietzsche développe sa conception esthétique de la vie. « Pour que la vie soit bonne à regarder, dit Zarathustra, il faut que son jeu soit bien joué : mais pour cela il faut de bons acteurs. J'ai trouvé bons acteurs tous les *vaniteux* : ils jouent et veulent qu'on aime à les regarder; — tout leur esprit est

dans cette volonté. Ils se représentent, ils s'inventent; auprès d'eux, j'aime à regarder la vie.... Ils m'attachent à l'homme comme à un spectacle ». Un peu plus loin, Zarathustra fait l'éloge des *méchants* : « Votre timidité, dit-il, ne doit pas me dégoûter de la vue des méchants. Je suis bien heureux de voir les miracles que fait éclore l'ardent soleil : ce sont des tigres, des palmiers et des serpents à sonnettes. Parmi les hommes aussi il y a de belles couvées d'ardent soleil et chez les méchants bien des choses merveilleuses » (55).

Mais qui enseigna, qui le premier inocula à l'esthète, si ce n'est le savant ou le philosophe, cette large tolérance, cette haute curiosité qui s'attache à tous les êtres, cet élan passionné vers tout ce qui vit et palpite? L'amour des vaniteux et des méchants dont Nietzsche se pare comme d'un trait original qui lui serait propre, n'est, en vérité, que l'écho affaibli du noble tourment qui agite le chercheur, qu'une petite parcelle du grand amour éprouvé par le philosophe pour la réalité totale, la vérité sous toutes ses formes, sous tous ses aspects.

Demander à la vie d'être belle, c'est lui demander avant tout d'être vraie et sincère. Et lorsqu'il s'agit de cette fraction de la vie qui s'appelle la conduite humaine, c'est lui demander encore d'être juste; car la justice est le nom donné à la vérité dans le domaine social, dans la sphère stricte des rapports qui unissent les hommes entre eux. Imaginer une action — ou une série d'actes, une conduite — profondément injuste et qui serait en même temps belle, est un effort vain. Autant vaudrait peindre un soleil n'éveillant en nous aucune sensation lumineuse, nous suggérant d'autres idées (quelque image burlesque peut-être), et s'extasier à la vue d'une telle toile! Mais prendre prétexte du parallélisme constant qui place toujours, à côté de la beauté, la vérité, pour poser à la vie une condition unique : être belle, — c'est rétrécir, sans aucun avantage, le sens large de la réalité, et c'est, de toutes façons, faire fausse route. C'est vouloir arrêter le perfectionnement progressif de la vie, c'est tarir la source de la beauté elle-même (56).

NOTES

(1) *The Monist*, 1899, n° 4, p. 584; et Jules de Gaultier, *Kant à Nietzsche*, Paris, 1900, p. 311, 313.

(2) *Esquisse d'une morale*, etc., cité par M. Fouillée, *Revue philosophique*, décembre 1901.

(3) F. Paulhan, *Psychologie de l'invention*, Paris, Alcan, 1901, p. 138, 145, 170, 175, 183.

(4) *De Kant à Nietzsche*, p. 191. — L'auteur ajoute : « Cela exige un ascétisme que nous retrouverons chez Nietzsche, mais qui a fait défaut totalement au vieux Kant... chez qui la préoccupation morale a fait dévier l'intelligence. »

(5) Un autre trait, notons-le en passant, rapproche Nietzsche des successeurs et des disciples immédiats de Rousseau, les hommes de la Révolution française. Nietzsche, en effet, semble n'avoir eu tout d'abord que l'ambition de ressusciter le monde antique, la culture gréco-latine, et de préparer ainsi les voies

à une sorte de seconde Renaissance. « La transvaluation de toutes les valeurs », à laquelle il procéda par la suite pour apaiser « le plus impérieux besoin du siècle », porte la marque visible de ces premières préoccupations. Son « homme nouveau » réunit souvent les traits les plus caractéristiques du vieil idéal moral des Grecs et surtout des Romains de la forte époque républicaine.

(6) *Au delà du Bien et du Mal*; et *Ainsi parla Zarathustra*, passim.

(7) Il y a quelque huit ans, le bruit qui déjà se faisait en France autour du nom de Nietzsche, naguère totalement inconnu, me poussa à me procurer son livre : *La Généalogie de la morale.* Je tombais bien : c'était un véritable chef-d'œuvre. Je me promis de renouveler, en prenant connaissance de ses autres ouvrages, le plaisir que m'avait donné cette première rencontre. Malheureusement, mes nombreuses occupations se mirent en travers de ce projet, et je ne pus le réaliser que beaucoup plus tard, et presque à la veille de prendre la plume pour écrire cette étude.

(8) Fierens-Gevaert, *La Tristesse contemporaine*, Paris, Alcan, 3e éd., 1900, p. 176 et 179.

(9) *Le Crépuscule des idoles : l'Antechrist*, trad. française, p. 242.

(10) *Fröhliche Wissenchaft*, 1882, p. 206-7.

(11) *De Kant à Nietzsche*, p. 241-242.

(12) Cité par J. de Gaultier, *De Kant à Nietzsche*, p. 264.

(13) *Ibidem*, p. 256-257.

(14) *De Kant à Nietzsche*, p. 296.

(14 *bis*) H. Lichtenberger, *Le testament philosophique de Nietzsche*, dans la *Revue de Paris*, 15 avril 1902.

(15) Il y a, entre la gnoséologie métaphysique de Schopenhauer et celle de Nietzsche, une différence profonde et tout à l'avantage de ce dernier. En effet, chez Schopenhauer la connaissance est le moyen (ou l'acte même) de suicide auquel recourt le monde phénoménal à la seule fin de s'engloutir, de disparaître dans le Nirwana. Le monde *se reconnaît* pour mauvais et, à fur et mesure, s'éteint sa *volonté de vivre*. Chez Nietzsche, au contraire, la connaissance joue le rôle de la seconde partie de l'oscillation totale du pendule, oscillation dont la première partie est représentée par l'énergie active. La force universelle qui ne se crée ni ne se perd, se transforme sans cesse dans le même sens : du mode actif elle évolue vers le mode contemplatif. Cette opinion est à rapprocher de la thèse que j'ai développée à la fin de mon volume sur l'*Agnosticisme*.

A ce point de vue, prétendre, avec certains disciples de Nietzsche, que le concept de vérité ne trouve d'application que dans le monde de la connaissance, jamais dans celui de l'être, constitue une façon fort inexacte de parler. En quoi le monde de l'être diffère-t-il, pour l'esprit qui le conçoit, du monde de la connaissance de l'être? Donner pour condition à l'être le *non-vrai*, et à la connaissance de ce même être, le *vrai*, c'est, si les mots ont un sens quelconque, déclarer que, seule, la connaissance affirme, pour nous, la réalité de l'être. Et il n'y a là rien d'étrange ou d'inadmissible. L'être est pour nous, non pas absolument inexistant, puisqu'il est déjà donné dans la sensation brute, mais *conditionnellement irréel ou non-vrai*, tant que de la simple sensation nous ne passons pas au raisonnement provoqué par l'expérience et fondé sur celle-ci. Il n'y a pas lieu, je le répète, de radicalement distinguer entre ces deux catégories : l'être et sa connaissance. Mais il faut admettre plusieurs phases dans la connaissance de l'être; et ce à quoi on donne, d'habitude, le nom d'être, forme précisément la phase primordiale et originelle de toute connaissance. Nul besoin non plus ne se fait sentir d'opposer au contenu de la connaissance (au *non-vrai*) sa forme (le *vrai*), mot qui, dans cette acception, ne s'entend guère.

On me permettra, avant de fermer ce paragraphe, de reproduire ici le jugement que j'avais déjà porté, dans une autre occasion, sur l'attitude prise par Nietzsche envers la science.

« Pour Nietzsche, disais-je dans ma *Constitution de l'Ethique* (p. 89), la science, comme la religion, comme la philosophie, comme l'art, n'est qu'un moyen, un remède contre la douleur mondiale, une atténuation de la souffrance de vivre et, en somme, une bienfaisante illusion. Mais Nietzsche ne pense pas que la science a été la première à verser sa consolante lueur sur la route pénible parcourue par l'humanité. Selon lui, elle n'est venue, comme nous le montre l'exemple topique de la civilisation grecque, qu'en seconde ou en troisième ligne, après la religion et surtout après l'art considéré dans ses deux manifestations successives, l'esprit apollinien et l'esprit dyonisien, le rêve pur de la beauté et la culture tragique (le vouloir humain égalant le vouloir universel). L'artiste avait déjà dit une fois à la vie : Je te veux, car ton image est belle; et une autre fois : Je te veux, car tu es la vie indestructible, lorsqu'arriva le savant qui dit : Je te veux car tu mérites d'être connue... Mais si la science peut nous faire connaître et aimer le monde, elle semble radicalement incapable de le guider ou de le corriger. Elle n'est pas la vertu suprême, ni le chemin qui y conduit; et pareillement, son contraire, l'ignorance, n'est pas la source de tous nos maux. »

Et plus loin (p. 93-94) : « La vie forte et complète dont se repaît le rêve de Nietzsche, est autre chose que le fonctionnement régulier de nos organes. C'est la santé physique indissolublement unie à la santé morale, l'existence ennoblie et dignifiée, c'est la proie superbe que nous poursuivons sans cesse et qui toujours fuit devant nous, c'est le bonheur. Mais ne saute-t-il pas aux yeux que celui-ci, comme son contraire, le malheur, existe par la seule conscience que nous en prenons, ou par l'expérience, la connaissance que nous acquérons sur l'état prospère distingué de l'état infortuné? Il semble donc cruellement absurde de vouloir tarir, au nom du bonheur, la source vive d'où jaillit tout bonheur. Dire « non » au savoir, c'est dire « non » à la possibilité même d'une vie heureuse.

« La suprématie du savoir dans les sociétés modernes dont la culture nous semble intense quand nous la comparons aux civilisations antérieures, est facilement admise de nos jours. Mais on objecte qu'il n'en fut pas de même à l'aube des temps historiques. On soutient que la science est un produit tardif du développement mental, qu'elle n'existait pas ou qu'elle existait à peine alors que florissaient déjà l'art et la religion. On ne remarque pas qu'en parlant de la sorte, on établit un contraste gratuit entre des idées étroitement apparentées, telles que connaissance et culture; on ne s'aperçoit pas qu'on sacrifie la valeur fondamentale des mots à leur signification dérivée. On affirme implicitement la complète indépendance, vis-à-vis de leur source commune, aussi bien de la religion et de la philosophie que des arts récréatifs et des arts utiles. On laisse entendre que ce n'est pas la connaissance du monde extérieur ou de l'homme intérieur qui conduit à cet ensemble de choses qu'on nomme une civilisation, mais que c'est la civilisation qui éveille en nous, pour la première fois, et on ne sait trop comment, une curiosité ardente, une avidité de connaître que, seule, elle pourra apaiser. On tombe dans l'erreur du finalisme inconscient, dans l'illusion vulgaire et naïve qui consiste à substituer l'effet visible à la cause qu'on ne voit pas.

« Cette faute ne saurait trouver une excuse dans la séparation rigoureuse que certains esprits sont enclins à faire entre la connaissance empirique et la science constituée. Celle-ci est un simple prolongement de celle-là, son passage de l'enfance à l'âge adulte et à la maturité. Et l'efficacité sociologique ou civilisatrice qu'on attribue à la science faite appartient tout aussi bien à la science en voie de se faire. Les fruits que porte la première — philosophie, art, action utile — peuvent nous paraître mille fois plus savoureux que les fruits encore verts de la seconde; ils ne sont pas d'une essence différente, ni plus précieux. Un train avec sa locomotive est supérieur au char antique attelé de bœufs, mais l'un et l'autre possèdent une origine pareille et remplissent une même fonction. »

(16) H. Lichtenberger, *La Philosophie de Nietzsche*, p. 141-144.

(17) M. Fouillée a été particulièrement sévère à l'égard de Nietzsche. « Une grande partie de son succès, dit-il (*Revue philosophique*, décembre 1901, p. 589), est due à ce procédé de paradoxe systématique qui est comme une folie de bonne foi. » Et encore : « Pour frapper la foule, il faut qu'une idée soit

bancale ou bossue; si elle est droite et s'appuie sur deux bonnes jambes égales, on ne la remarque pas. »

M. Fouillée range résolument Nietzsche parmi les agnosticistes les plus avérés de notre époque. « Nietzsche, dit-il en propres termes, qui se croit un avancé, est au fond un retardé, un réactionnaire, non pas seulement en politique, mais en philosophie. En effet, il s'est enrôlé dans ce qu'on peut appeler la grande réaction contre la raison et contre la science. Cette réaction a pris la forme de l'irrationalisme, qui méprise la raison et l'intelligence, qui abandonne l'intelligibilité à « la petite science » et croit que la réalité est, dans son fond, illogique, incompréhensible, inintelligible pour toute intelligence, fût-elle parfaite. C'est le vieux mystère des religions auquel on donne aujourd'hui un nom plus jeune et qu'on appelle, avec Schopenhauer, la volonté. Que ce soit volonté de vivre ou volonté de pouvoir, peu importe; l'un n'est pas plus clair que l'autre, et c'est toujours je ne sais quoi d'aveugle et d'illogique qu'on oppose à l'intelligence et à la raison. Nietzsche accuse Descartes de « superficialité » parce que Descartes croit que tout a une raison, une cause, une loi. Au fond, la « Volonté » est elle-même un nom nouveau de Dieu; seulement, au lieu d'être le bon Dieu, c'est le mauvais Dieu ou le Diable. Qui empêchera d'ailleurs les croyants de dire : « Puisque vous prétendez que la science et la raison sont superficielles et que l'illogique règne, je vais à la messe. Cela est plus sûr que de parier pour la volupté, l'égoïsme et la domination. Chacun son goût » (*Ibid.*, p. 595-6).

M. Fouillée est aujourd'hui plus dur pour les partisans de l'agnosticisme — parmi lesquels on le rangeait autrefois, avec Guyau, Taine et Renan, sans parler de Littré et des positivistes (cf. à ce sujet la préface de mon livre sur *le Bien et le Mal*, pp. XIII-XXIV) — que je ne l'ai jamais été moi-même. Mais tout ce qu'il dit de la Volonté — ce nom nouveau de Dieu — me paraît très juste. L'*éthélisme* (ou thélématisme) de nos jours est sûrement une forme rajeunie (et encore!) de l'agnosticisme et de l'ancienne religiosité mystique. *Sic volo, sic jubeo, sit pro ratione voluntas*, cette formule caractérise aussi bien l'oppression et la servitude politiques que l'oppression et la servitude philosophiques. Les deux esclavages sont de même nature, et l'un accompagne nécessairement l'autre. Tous deux prennent leur point d'appui dans le dogme de l'irrémédiable chétivité de la raison : *Ignorabimus*! L'ignorance actuelle (faite en grande partie de l'ignorance passée) se voit ainsi projetée dans l'avenir le plus lointain.

(18) Disons ici quelques mots de l'idée du « Retour éternel des choses » qui un jour, brusquement, prit possession de l'esprit de Nietzsche et lui fit l'effet de pouvoir devenir la « grande pensée » de son règne philosophique. Le mot « retour » est un *sociomorphisme* manifeste. Mais, à part cela, l'idée est logiquement admissible. C'est une hypothèse qu'aucune science n'infirme, que toutes, au contraire — en commençant par l'astronomie et en finissant par la sociologie — tendent à rendre chaque jour de plus en plus acceptable. Partout, dans la nature, la force demeure constante; et partout, à travers mille transmutations, elle tend à revenir à son état originel. Le mécanisme simple des forces physico-chimiques précède et conditionne le mécanisme plus complexe des forces organiques ou vivantes (déterminisme organique, causalité); et celui-ci précède et conditionne le mécanisme encore plus compliqué des forces sociales et psychiques (déterminisme surorganique, volonté, finalité). Ces trois étapes ou degrés de l'Etre se suivent immuablement dans le même ordre. Mais la série est tout aussi constante, et la transmutation (ou la phénoménalité qui nous frappe comme une transmutation) tout aussi inéluctable dans l'ordre inverse. Le phénomène socio-psychique concret, l'individu moral ou social, est indissolublement lié au phénomène biologique concret, à l'individu organique ou vivant; et ce dernier, temporairement sorti, pour ainsi dire, du rang qu'occupent dans l'univers les forces mondiales à la fois les plus vastes et les plus simples, ne tarde pas à y rentrer, ne tarde pas à se confondre avec le courant primordial et fondamental des choses. Par suite, les trois grands aspects ou faces du monde, quand nous les envisageons ainsi que des phénomènes *concrets*, doivent nécessairement revêtir à nos yeux la qualité de choses passagères, de choses *finies*. Seul, ce que nous appelons sociomorphiquement leur *retour* nous semble éternel, donc *infini*. Mais ce retour, ainsi conçu, est une pure *abstraction*. L'éternité et l'infinité véritables appartiennent à l'*idée*. Mais puisque l'individu social et son *alter ego*, l'individu biologique, refluent nécesairement, après un court laps de temps, vers l'état primitif d'atomes ou de centres d'énergie mécanique, pourquoi nous effaroucher outre mesure de la vision brumeuse et distante qui nous montre l'humanité et l'univers recommençant un jour leur histoire et la répétant à des intervalles quasi infinis euxmêmes? Ce qui est vrai des parties (concrètes) pourrait fort bien être vrai de leur somme totale (et également concrète). La thèse du retour éternel des choses me semble donc très défendable. C'est la doctrine même de l'évolution et du monisme. A ce point de vue, cependant, il vaudrait mieux

peut-être remplacer le mot *Retour* par le terme *Unité*. Cf. à ce sujet la théorie de l'abstrait et du concret dans le chap. I de mes *Fondements de l'Ethique*, l'exposé des doctrines du monisme logique dans ma *Recherche de l'Unité*, et le dernier chapitre de mon livre sur *l'Agnosticisme*.

(19) *Constitution de l'Ethique*, p. 90.

(20) Spinoza exprimait peut-être vaguement la même idée lorsqu'il disait que le bonheur, loin de constituer la récompense de la vertu, en était la force propre.

(21) *Par delà le Bien et le Mal*; *Histoire Naturelle de la Morale*, § 186, cité par M. Palante dans son *Précis de sociologie*, p. 21. M. Palante ajoute avec raison que les remarques de Nietzsche sur la morale se peuvent aussi bien appliquer à la sociologie.

(22) *Ueber den Unterschied zwischen Naturgesetz und Sittengesetz*, cité par M. Delbos, *Le problème moral dans la philosophie de Spinoza*, p. 354.

(23) J. de Gaultier, *De Kant à Nietzsche*, p. 37.
On scandalise presque les âmes naïves, on profane, à leurs yeux, le saint nom d'amour en affirmant que le sage peut aimer avec passion le corps seul d'une femme, sans s'illusionner sur la sottise de son esprit ou sur sa bassesse sentimentale; ou qu'il peut, le cas échéant, s'éprendre d'amour véritable pour l'âme d'un laideron, sans nécessairement transformer pour cela ses défauts corporels en autant de qualités.

(24) H. Lichtenberger, *La philosophie de Nietzsche*, p. 104.

(25) *De Kant à Nietzsche*, p. 315.

(25 *bis*) Citons un exemple. Certains sociologues ne cessent de protester contre l'esprit grégaire par lequel, selon une définition de Nietzsche, « on est peuple, public, troupeau, femme, pharisien, voisin ». Or, puisqu'il ne peut s'agir de rayer ces termes du dictionnaire sociologique, et qu'il y aura sans doute toujours, dans l'humanité, des peuples, des publics, des femmes et des voisins, autant vaudrait employer son temps à étudier ces diverses façons d'être de « l'âme collective », et à rechercher les lois générales qui régissent l'esprit des foules. Basée sur la connaissance de telles lois, notre interprétation des termes précités pourra tout aussi bien éloigner que rapprocher les idées de « public » et de « troupeau », ou celles de « voisin » et de « pharisien », idées que Nietzsche identifie dans leur essence en subjectiviste fortement ému par le spectacle des iniquités, des bassesses morales de l'époque courante.

(26) On sait que rien ne sert mieux la réputation d'un écrivain de valeur que les attaques violentes dirigées contre son œuvre ou sa personne. Selon un vieux mot de Malthus, qui heureusement restera toujours vrai, quand on trouve l'arc trop courbé d'un côté, on se sent porté à le trop courber de l'autre, dans la vue de le rendre droit. C'est ce qu'il m'est sans doute arrivé de faire, dans maintes occasions, au courant de la présente étude. Mais si mon éloge ressemble quelquefois à un panégyrique, la faute en est imputable, en partie, à l'extrême dureté avec laquelle des juges qui ne sont pas les premiers venus, traitèrent trop souvent Nietzsche et ses doctrines philosophiques et sociales. Je n'en veux donner, ici, pour preuve, que les lignes suivantes qu'on est vraiment étonné de rencontrer sous la plume d'un critique dont l'éclectisme savant et subtil nous habitua à plus d'indulgence. « C'est alors, dit M. Fouillée, qu'on voit des jeunes gens s'éprendre de folies écrites par un fou, — nous voulons parler du malheureux qui a prétendu élever le « surhomme » sur les ruines de la morale. Il faut que l'état philosophique de la pensée allemande soit devenu bien misérable pour qu'on ait attaché de l'importance aux divagations d'un Nietzsche qui, au temps de la grande philosophie, aurait été justement dédaigné » (*La France au point de vue moral*, p. 371). Au temps de la grande philosophie ! Hélas ! pour qui connaît la versatilité des jugements humains, ce temps ne fut ni plus juste ni plus charitable que le nôtre. Les contemporains des Kant, des Schelling, des Hegel (comme ceux, à

une autre époque, des Descartes et des Spinoza) ne se gênèrent point pour traiter, à leur tour, d'absurdes folies certaines idées et certaines thèses que nous admirons — d'une façon un peu trop absolue peut-être — aujourd'hui.

Notons en passant cette double ironie des choses. Nietzsche est le plus cruellement malmené par l'admirateur enthousiaste de Guyau, c'est-à-dire, au sentiment de beaucoup de critiques, d'un Nietzsche tempéré, adouci, assagi. Et l'exécution a lieu dans un livre qui étudie la moralité ou « socialité » française. Or, n'est-ce pas Nietzsche, penseur allemand, qui, à propos de cette moralité, fit entendre la hautaine protestation que voici : « Contre la mode d'aujourd'hui et contre les apparences, il faut défendre cette proposition qui est de simple honnêteté historique, et n'en pas démordre : tout ce que l'Europe a connu de noblesse et de distinction, noblesse de la sensibilité, du goût, distinction des mœurs, noblesse en tous les sens du mot, tout cela est l'œuvre et la création propre de la France »?

La sévère sentence prononcée par M. Fouillée contre l'émule allemand de Guyau appartient à la biographie de Nietzsche, et peut-être à celle de M. Fouillée. Elle n'a rien à voir, je pense, avec la critique de l'œuvre du courageux moraliste. Et j'en dirai autant d'une condamnation non moins acerbe qu'on me signale au moment où j'envoie ces feuilles à l'imprimerie. Le juge, cette fois, s'appelle Tolstoï. Son appréciation mérite d'être enregistrée sans commentaires à côté de celle de M. Fouillée. « Le dernier mot de la philosophie est cherché à notre époque, dit le grand « excommunié » russe, dans le bavardage immoral, grossier, emphatique et incohérent de Nietzsche. » (Préface à la traduction du roman de Von Pollenz : *Büttnerbauer*, Moscou, 1902, p. XI.)

(27) *De Kant à Nietzsche*, p. 331.

(28) G. Palante, *Précis de sociologie*, p. 111.

L'auteur cite à ce propos cette curieuse et fine observation de Nietzsche : « Il faut, dit celui-ci, attribuer à un prodigieux atavisme le fait que l'homme commun, aujourd'hui encore, *attend* une opinion sur lui pour s'y soumettre alors instinctivement : et non seulement se soumettre à une « bonne » opinion, mais même à une opinion mauvaise et injuste (qu'on songe, par exemple, à la grosse part d'appréciations et de dépréciations de soi que les femmes pieuses apprennent de leurs confesseurs, et qu'en général le croyant chrétien apprend de son église) ».

(29) *De Kant à Nietzsche*, p. 314; v. aussi p. 313.

(30) Le surhomme de Nietzsche est le descendant direct, quoique un peu dégénéré peut-être, d'un autre type moral qui, lui aussi, fit quelque bruit dans le monde et suscita une forte opposition. Je veux parler de « l'homme qui vit selon la raison » de Spinoza. C'est, à deux siècles de distance, le même culte de la force consciente de son éternelle et naturelle supériorité; mais, chez Spinoza, cette force demeure toujours calme, sereine, impassible.

(31) Nietzsche, à l'occasion, émet des vues profondes sur la vraie nature morale du crime et sur le rôle social du criminel. L'étude objective de la psychologie du criminel est appelée à rendre à la sociologie des services pareils à ceux que l'étude du malade et du fou a rendus à la biologie. — « Hé, les bons et les justes, s'écrie Zarathustra, qui haïssez-vous le plus? N'est-ce pas celui qui brise et met en pièces vos tables de valeurs, — le violateur de la loi, le criminel? Mais celui-là est un créateur. »

(32) *Précis de sociologie*, p. 67.

(33) *Par delà le Bien et le Mal*, § 259, cité par Palante, *Précis*, p. 68.

(34) Il m'a toujours semblé que nous ne sommes guère capables de comprendre l'état d'âme de nos lointains ancêtres. Tout ce que nous écrivons — roman, drame, histoire, — sur l'antiquité, même gréco-romaine, tout cela *pue* — qu'on me par-

donne la rudesse de ce verbe nietzschéen — le moderne. Par un juste retour, cette incompréhension de l'antiquité nous sollicite peut-être plus que de raison à envisager certains phénomènes d'origine douteuse comme des restes, des résidus, des survivances de civilisations depuis longtemps disparues.

(35) Gystrow, *Etwas über Nietzsche und uns Socialisten* (*Socialistische Monatshefte*, octobre 1900), cité par Palante, *Précis de sociologie*, p. 183.

(36) H. Lichtenberger, *La philosophie de Nietzsche*, Paris, Alcan, 1899, p. 179-180.

(37) *Das Leben der Seele in Monographien über seine Erscheinungen und Gesetze*, 2e édit., 1882; v. le compte rendu détaillé de la *Revue philosophique*, décembre 1882.

(38) Auguste Comte, *Système de Politique positive*, t. I, p. 507.

(39) *R. Wagner in Bayreuth*, 1876, cité par le prof. A. Riehl dans son livre sur Nietzsche (traduction russe, Moscou, 1901, p. 40).

(40) *Grundsaetze der Philosophie der Zukunft*, Leipzig, 1849, cité par F. A. Lange, *Histoire du matérialisme*, trad. Pommerol, Paris, 1879, t. II, p. 97.

(41) *Opere filosofiche di Roberto Ardigo*, vol. III, *La Morale dei positivisti*. La traduction du passage cité dans le texte est empruntée à l'excellent ouvrage — devenu classique — de M. Alfred Espinas sur la *Philosophie expérimentale en Italie*, Paris, 1880, p. 151, 155, 156.

(42) *Also sprach Zarathustra*, 2ᵉ éd., Leipzig, 1893; 1ʳᵉ partie : *Von der Nächstenliebe*, p. 84.

(43) Nietzsche emploie volontiers une autre image. Il demande que l'homme du présent brise les vieilles tables de lois et les remplace par des commandements nouveaux. Mais l'empirisme formant l'âme de la vieille loi, les commandements dont parle Nietzsche ne seront nouveaux que s'ils deviennent savants; s'ils nous donnent la liberté au lieu de nous ordonner l'obéissance, s'ils cessent, en un mot, d'être des commandements.

(44) V. le superbe apologue de « l'homme le plus hideux » dans *Ainsi parla Zarathustra*, 4ᵉ partie.

(45) L'instinct de grandeur ou de puissance, dit encore Nietzsche, triomphe par l'empire que nous acquérons sur nous-mêmes et qui se peut définir comme l'entrée en scène, à notre insu, d'un nouvel instinct, *rival* heureux du premier. Ainsi, la cruauté envers soi témoigne déjà de la prochaine victoire remportée sur l'instinct de grandeur par la tendance opposée, ou par la ferveur altruiste que Nietzsche taxa toute sa vie de faiblesse. Il y a là, semble-t-il, une sorte de « commutation » du Mal en Bien, de l'égoïsme en altruisme.

(46) Lichtenberger, *La philosophie de Nietzsche*, p. 158.

(47) *Also sprach Zarathustra*, p. 29-31 : *Von den drei Verwandlungen*.

(48) *La philosophie de Nietzsche*, p. 124-125.

(49) *Also sprach Zarathustra*, p. 243 (*Von der verkleinernden Tugend*) et p. 131 (*Von den Tugendhaften*).

(50) A Nietzsche, l'ennemi de la pitié, on oppose volontiers Tolstoï, l'apôtre convaincu de la moderne « religion de la souffrance ». Sans doute; ces deux penseurs se cantonnent en deux quartiers extrêmes. Tous deux semblent oublier que la saine moralité est un état d'équilibre entre « moi » et « autrui », provoqué ou conditionné par deux forces agissant en sens contraire : l'une, centrifuge, qui maintient et accentue le contraste du « moi » avec « autrui », — c'est, faute d'un terme mieux approprié, la dureté de Nietzsche; et l'autre, centripète, qui tend à supprimer l'opposition, — c'est la pitié de Tolstoï. Mais Nietzsche possède un grand avantage sur Tolstoï : s'il redresse l'arc trop fléchi dans le sens altruiste, il le fait par crainte que la victoire définitive de la force centripète sur la centrifuge ne vienne rompre l'équilibre instable de la moralité et n'amène la dissolution des plus forts liens sociaux.

Au surplus, Nietzsche est loin d'être ce féroce défenseur de la « lutte à outrance », ce grossier et banal adulateur de la force matérielle, pour lequel certains de ses disciples, bien plus encore que ses adversaires, ont cherché à le faire passer. La fameuse doctrine de Darwin lui semble plutôt affirmée que démontrée. « La concurrence vitale se présente, dit-il, mais comme exception; l'aspect général de la vie n'est point l'indigence, la famine, tout au contraire, la richesse, l'opulence, l'absurde prodigalité même.... Il ne faut pas confondre Malthus avec la nature... En admettant cependant que cette lutte existe, elle se termine... d'une façon contraire à celle que désirerait l'école de Darwin, à celle que l'on *oserait* peut-être désirer avec elle : je veux dire au détriment des forts, des privilégiés, des exceptions heureuses.... Les faibles finissent toujours par se rendre maîtres des forts ». — « Darwin, dit Nietzsche, a oublié l'esprit — (cela est bien anglais! ajoute-t-il entre parenthèses), les *faibles* ont plus d'esprit... Car il faut avoir besoin d'esprit pour arriver à avoir de l'esprit, et l'on perd l'esprit lorsque l'on n'en a plus besoin. Celui qui a de la force se défait de l'esprit » (*Crépuscule des idoles*; v. *Pages choisies*, trad. Henri Albert, p. 329-330).

(51) A. Riehl, *Frédéric Nietzsche, le poète et le penseur* (trad. russe), p. 35 et 55.

Je n'attache aucune importance particulière à la conception de l'esprit apollinien et de l'esprit dyonisien, qui semble avoir été le point de départ de certaines théories esthétiques de Nietzsche. Tournées vers des buts pratiques, la religion et la philosophie grecques créèrent cet admirable stimulant de

l'action, l'art, et lui donnèrent bientôt une place prépondérante parmi les facteurs sociaux. Les petites sociétés grecques devinrent des sociétés esthétiques par excellence. Leur morale consista à prendre la vie (l'action totale) comme un jeu, ainsi que le dit Nietzsche, à souffrir et à mourir même, quand il le fallait, *en beauté*. La beauté (c'est-à-dire, en définitive, l'action ou la vie *faciles*) peut devenir ainsi, dans certaines conditions, le *sérieux* de la vie.

(52) *Zur Genealogie der Moral*, Leipzig, 1892, p. 103; et, pour la citation précédente, p. 106.

(53) *Le Crépuscule des idoles*, dans *Pages choisies*, trad Henri Albert, Paris, 1899, pp. 323, 333, 335, 339.

(54) *De Kant à Nietzsche*, p. 304.

(55) *Ibidem*, p. 305.

(56) L'art vrai (car il y a un art faux, comme il y a une science fausse et une philosophie fausse) semble pouvoir se définir ainsi qu'une double transvaluation (peut-être faut-il dire *transfiguration*) de toutes nos connaissances particulières. Toutes les vérités, celles de l'ordre plus simple dit physique, aussi bien que celles de l'ordre plus complexe dit moral, sont d'abord retenues par la synthèse philosophique qui leur donne une valeur *universelle*. Transformées en éléments constitutifs d'une conception homogène de l'univers, elles sont retenues une seconde fois par l'art qui leur donne une valeur *représentative* et symbolique. C'est ainsi, par les procédés de la transvaluation ou transfiguration esthétique, que le Vrai et le Bien (la vérité sociale) deviennent à nos yeux le Beau. — J'admets donc sans peine que la moralité d'une élite (et, occasionnellement, celle de certaines foules) puisse trouver une expression adéquate dans l'exercice et le culte d'un art parfait. Mais l'idéal esthétique est aussi diffici-

lement réalisable que n'importe quel idéal moral. Et quant l'art historique ou « positif », il ne renferme, de toute év dence, que les éléments d'une morale empirique et routinièr on ne saurait donc lui appliquer l'épithète de parfait, qu seule aurait pu justifier l'emploi généralisé du critère esthé tique à la place du critère éthique.

TABLE DES MATIÈRES

PREMIÈRE PARTIE

CARACTÉRISTIQUE GÉNÉRALE

DEUXIÈME PARTIE

LE PHILOSOPHE

TROISIÈME PARTIE

LE SOCIOLOGUE

Coulommiers. — Imp. PAUL BRODARD. — 399-1902.

Juillet 1901

FÉLIX ALCAN, ÉDITEUR

ANCIENNE LIBRAIRIE GERMER BAILLÈRE ET Cie

108, Boulevard Saint-Germain, 108, Paris, 6e.

EXTRAIT DU CATALOGUE

SCIENCES — MÉDECINE — HISTOIRE — PHILOSOPHIE

BIBLIOTHÈQUE SCIENTIFIQUE INTERNATIONALE

Volumes in-8 en élégant cartonnage anglais. — Prix : 6 fr.

95 VOLUMES PARUS

1. J. TYNDALL. **Les glaciers et les transformations de l'eau,** 7e éd., illustré.
2. W. BAGEHOT. **Lois scientifiques du développement des nations,** 6e édition.
3. J. MAREY. **La machine animale,** locomotion terrestre et aérienne, 6e édition, illustré.
4. A. BAIN. **L'esprit et le corps considérés au point de vue de leurs relations,** 6e édition.
5. PETTIGREW. **La locomotion chez les animaux,** 2e éd., ill.
6. HERBERT SPENCER. **Introd. à la science sociale,** 12e édit.
7. OSCAR SCHMIDT. **Descendance et darwinisme,** 6e édition.
8. H. MAUDSLEY. **Le crime et la folie,** 7e édition.
9. VAN BENEDEN. **Les commensaux et les parasites dans le règne animal,** 4e édition, illustré.
10. BALFOUR STEWART. **La conservation de l'énergie,** 6e éd., illustré.
11. DRAPER. **Les conflits de la science et de la religion,** 10e éd.
12. LÉON DUMONT. **Théorie scientifique de la sensibilité,** 4e éd.
13. SCHUTZENBERGER. **Les fermentations,** 6e édition, illustré.
14. WHITNEY. **La vie du langage,** 4e édition.
15. COOKE et BERKELEY. **Les champignons,** 4e éd., illustré.
16. BERNSTEIN. **Les sens,** 5e édition, illustré.
17. BERTHELOT. **La synthèse chimique,** 8e édition.
18. NIEWENGLOWSKI. **La photographie et la photochimie,** illustré.
19. LUYS. **Le cerveau et ses fonctions,** 7e édition, illustré.
20. W. STANLEY JEVONS. **La monnaie et le mécanisme de l'échange,** 5e édition.
21. FUCHS. **Les volcans et les tremblements de terre,** 5e éd.
22. GÉNÉRAL BRIALMONT. **La défense des États et les camps retranchés,** 3e édition, avec fig. (épuisé).
23. A. DE QUATREFAGES. **L'espèce humaine,** 13e édition.
24. BLASERNA et HELMHOLTZ. **Le son et la musique,** 5e éd.
25. ROSENTHAL. **Les muscles et les nerfs,** 3e édition (épuisé).

26. BRUCKE et HELMHOLTZ. **Principes scientifiques des beaux-arts**, 4e édition, illustré.
27. WURTZ. **La théorie atomique**, 8e édition.
28-29. SECCHI (Le Père). **Les étoiles**, 3e édition, illustré.
30. N. JOLY. **L'homme avant les métaux**, 4e édit. (épuisé).
31. A. BAIN. **La science de l'éducation**, 4e édition.
32-33. THURSTON. **Histoire de la machine à vapeur.** 3e éd.
34. R. HARTMANN. **Les peuples de l'Afrique**, 2e édit. (épuisé).
35. HERBERT SPENCER. **Les bases de la morale évolutionniste**, 7e édition.
36. TH.-H. HUXLEY. **L'écrevisse**, introduction à l'étude de la zoologie, 2e édition, illustré.
37. DE ROBERTY. **La sociologie**, 3e édition.
38. O.-N. ROOD. **Théorie scientifique des couleurs et leurs applications à l'art et à l'industrie**, 2e édition, illustré.
39. DE SAPORTA et MARION. **L'évolution du règne végétal.** *Les cryptogames*, illustré.
40-41. CHARLTON-BASTIAN. **Le cerveau et la pensée.** 2e éd. 2 vol. illustrés.
42. JAMES SULLY. **Les illusions des sens et de l'esprit**, 3e éd., ill.
43. YOUNG. **Le Soleil**, illustré (*épuisé*).
44. A. DE CANDOLLE. **Origine des plantes cultivées**, 4e édit.
45-46. J. LUBBOCK. **Les Fourmis, les Abeilles et les Guêpes.** 2 vol. illustrés (épuisés).
47. ED. PERRIER. **La philos. zoologique avant Darwin**, 3e éd.
48. STALLO. **La matière et la physique moderne**, 3e édition.
49. MANTEGAZZA. **La physionomie et l'expression des sentiments**, 3e édit., illustré avec 8 pl. hors texte.
50. DE MEYER. **Les organes de la parole**, illustré.
51. DE LANESSAN. **Introduction à la botanique.** *Le sapin.* 2e édit., illustré.
52-53. DE SAPORTA et MARION. **L'évolution du règne végétal.** *Les phanérogames.* 2 volumes illustrés.
54. TROUESSART. **Les microbes, les ferments et les moisissures**, 2e éd., illustré.
55. HARTMANN. **Les singes anthropoïdes**, illustré.
56. SCHMIDT. **Les mammifères dans leurs rapports avec leurs ancêtres géologiques**, illustré.
57. BINET et FÉRÉ. **Le magnétisme animal**, 4e éd., illustré.
58-59. ROMANES. **L'intelligence des animaux.** 2 vol., 2e éd.
60. F. LAGRANGE. **Physiologie des exercices du corps.** 7e éd.
61. DREYFUS. **L'évolution des mondes et des sociétés.** 3e éd.
62. DAUBRÉE. **Les régions invisibles du globe et des espaces célestes**, illustré, 2e édition.
63-64. SIR JOHN LUBBOCK. **L'homme préhistorique.** 4e édition, 2 volumes illustrés.
65. RICHET (Ch.). **La chaleur animale**, illustré.
66. FALSAN. **La période glaciaire**, illustré (épuisé).
67. BEAUNIS. **Les sensations internes.**
68. CARTAILHAC. **La France préhistorique**, illustré. 2e éd.
69. BERTHELOT. **La révolution chimique, Lavoisier**, illustré.
70. SIR JOHN LUBBOCK. **Les sens et l'instinct chez les animaux**, illustré.

71. STARCKE. **La famille primitive.**
72. ARLOING. **Les virus,** illustré.
73. TOPINARD. **L'homme dans la nature,** illustré.
74. BINET. **Les altérations de la personnalité.**
75. A. DE QUATREFAGES. **Darwin et ses précurseurs français.** 2e éd.
76. LEFEVRE. **Les races et les langues.**
77-78. A. DE QUATREFAGES. **Les émules de Darwin.** 2 vol.
79. BRUNACHE. **Le centre de l'Afrique, autour du Tchad,** illustré.
80. A. ANGOT. **Les aurores polaires,** illustré.
81. JACCARD. **Le pétrole, l'asphalte et le bitume,** illustré.
82. STANISLAS MEUNIER. **La géologie comparée,** illustré.
83. LE DANTEC. **Théorie nouvelle de la vie,** illustré. 2e éd.
84. DE LANESSAN. **Principes de colonisation.**
85. DEMOOR, MASSART et VANDERVELDE. **L'évolution régressive en biologie et en sociologie,** illustré.
86. G. DE MORTILLET. **Formation de la nation française,** 2e édition, illustré.
87. G. ROCHÉ. **La culture des mers en Europe.** (*Piscifacture, pisciculture, ostréiculture*), illustré.
88. J. COSTANTIN. **Les végétaux et les milieux cosmiques.** (*Adaptation, évolution*), illustré.
89. LE DANTEC. **Evolution individuelle et hérédité.**
90. E. GUIGNET et E. GARNIER. **La céramique ancienne et moderne,** illustré.
91. E.-M. GELLÉ. **L'audition et ses organes,** illustré.
92. STANISLAS MEUNIER. **La géologie expérimentale,** ill.
93. J. COSTANTIN. **La nature tropicale,** illustré.
94. E. GROSSE. **Les débuts de l'art,** illustré.
95. J. GRASSET. **Les maladies de l'orientation et de l'équilibre,** illustré.

COLLECTION MÉDICALE

ÉLÉGANTS VOLUMES IN-12, CARTONNÉS A L'ANGLAISE, A 4 ET A 3 FRANCS

Le Phtisique et son traitement hygiénique, par le Dr E.-P. Léon-Petit, médecin de l'hôpital d'Ormesson, avec 20 gravures. 2e éd. (*Couronné par l'Académie de médecine.*) 4 fr.

Hygiène de l'alimentation dans l'état de santé et de maladie, par le Dr J. Laumonier, avec gravures. 2e éd. 4 fr.

L'alimentation des nouveau-nés. *Hygiène de l'allaitement artificiel*, par le Dr S. Icard, avec 60 gravures, 2e édit. (*Couronné par l'Académie de médecine.*) 4 fr.

La mort réelle et la mort apparente, diagnostic et traitement de la mort apparente, par le Dr S. Icard, avec gravures. 4 fr.

L'hygiène sexuelle et ses conséquences morales, par le Dr S. Ribbing, prof. à l'Univ. de Lund (Suède). 2e édit. 4 fr

Hygiène de l'exercice chez les enfants et les jeunes gens, par le Dr F. Lagrange, lauréat de l'Institut. 7e édit. 4 fr.

De l'exercice chez les adultes, par le même. 4e édition. 4 fr.

Hygiène des gens nerveux, par le Dr Levillain. 4e édition, avec gravures. 4 fr.

L'idiotie. *Psychologie et éducation de l'idiot*, par le Dr J. Voisin, médecin de la Salpêtrière, avec gravures. 4 fr.

La famille névropathique, *Hérédité, prédisposition morbide, dégénérescence*, par le Dr Ch. Féré, médecin de Bicêtre, avec gravures. 2e éd. 4 fr.

L'éducation physique de la jeunesse, par A. Mosso, profess. à l'Univers. de Turin. Préface du Commandant Legros. 4 fr.

Manuel de percussion et d'auscultation, par le Dr P. Simon, professeur à la Faculté de médecine de Nancy, avec grav. 4 fr.

Éléments d'anatomie et de physiologie génitales et obstétricales, par le Dr A. Pozzi, professeur à l'école de médecine de Reims, avec 219 gravures. 4 fr.

Manuel théorique et pratique d'accouchements, par le Dr A. Pozzi, avec 138 gravures. 3e édition. 4 fr.

Le traitement des aliénés dans les familles, par le Dr Féré, médecin de Bicêtre. 2e édition. 3 fr.

Morphinisme et Morphinomanie, par le Dr Paul Rodet. (*Couronné par l'Académie de médecine.*) 4 fr.

La fatigue et l'entraînement physique, par le Dr Ph. Tissié, avec gravures, préface de M. le prof. Bouchard. 4 fr.

Les maladies de la vessie et de l'urèthre chez la femme, par le Dr Kolischer, trad. de l'allemand par le Dr Beuttner, de Genève, avec gravures. 4 fr.

L'idiotie, par le Dr J. Voisin, avec gravures. 4 fr.

L'éducation rationnelle de la volonté, son emploi thérapeutique, par le Dr Paul-Emile Lévy, préface de M. le prof. Bernheim. 2e édition. 4 fr.

L'instinct sexuel. *Évolution, dissolution*, par le Dr Ch. Féré, médecin de Bicêtre. 4 fr.

La profession médicale. *Ses devoirs, ses droits*, par le Dr G. Morache, professeur de médecine légale à l'Université de Bordeaux. 4 fr.

L'hystérie et son traitement, par le Dr Paul Sollier. 4 fr.

COURS DE MÉDECINE OPÉRATOIRE
de M. le Professeur **Félix Terrier.**

Petit manuel d'antisepsie et d'asepsie chirurgicales, par les Drs Félix Terrier, professeur à la Faculté de médecine de Paris, et M. Péraire, ancien interne des hôpitaux, avec grav. 3 fr.

Petit manuel d'anesthésie chirurgicale, par les mêmes, avec 37 gravures. 3 fr.

L'opération du trépan, par les mêmes, avec 222 grav. 4 fr.

Chirurgie de la face, par les Drs Félix Terrier, Guillemain et Malherbe, avec gravures. 4 fr.

Chirurgie du cou, par les mêmes, avec gravures. 4 fr.

Chirurgie du cœur et du péricarde, par les Drs Félix Terrier et E. Raymond, avec 70 gravures 3 fr.

Chirurgie de la plèvre et du poumon, par les mêmes, avec 67 figures. 4 fr.

MÉDECINE

Extrait du catalogue, par ordre de spécialités.

A. — Pathologie et thérapeutique médicales.

AXENFELD ET HUCHARD. **Traité des névroses.** 2e édition, par HENRI HUCHARD. 1 fort vol. gr. in-8. 20 fr.

BOUCHUT ET DESPRÈS. **Dictionnaire de médecine et de thérapeutique médicales et chirurgicales,** comprenant le résumé de la médecine et de la chirurgie, 6e édition, très augmentée. 1 vol. in-4, avec 1001 fig. dans le texte et 3 cartes. Br. 25 fr.; relié. 30 fr.

CORNIL ET BABÈS. **Les bactéries et leur rôle dans l'anatomie et l'histologie pathologiques des maladies infectieuses.** 2 vol. in-8, avec 350 fig. dans le texte en noir et en couleurs et 12 pl. hors texte, 3e éd. entièrement refondue, 1890. 40 fr.

DAVID. **Les microbes de la bouche.** 1 vol. in-8 avec gravures en noir et en couleurs dans le texte. 10 fr.

DUCKWORTH (Sir Dyce). **La goutte,** son traitement. Trad. de l'anglais par le Dr RODET. 1 vol. gr. in-8 avec gr. dans le texte. 10 fr.

FÉRÉ (Ch.). **Les épilepsies et les épileptiques.** 1 vol. gr. in-8 avec 12 planches hors texte et 67 grav. dans le texte. 1890. 20 fr.

FÉRÉ (Ch.). **La pathologie des émotions.** In-8. 1893. 12 fr.

FINGER (E.). **La blennorrhagie et ses complications.** 1 vol. gr. in-8 avec 36 grav. et 7 pl. hors texte. Traduit de l'allemand par le docteur HOGGE. 1894. 12 fr.

FINGER (E.). **La syphilis et les maladies vénériennes,** trad. de l'all. avec notes par les Drs SPILLMANN et DOYON. 1 vol. in-8, avec 5 planches hors texte. 2e édit. 1900. 12 fr.

FLEURY (Maurice de). **Introduction à la médecine de l'esprit,** 1 volume in-8. 6e éd. 1900. 7 fr. 50

— **Les grands symptômes neurasthéniques.** 1 vol. grand in-8 avec 32 gravures, 1901. 7 fr. 50

GLÉNARD. **Les ptoses viscérales** (Estomac, Intestin, Reins, Foie, Rate). 1 vol. gr. in-8, avec 224 fig. et 30 tableaux synoptiques. 20 fr.

HÉRARD, CORNIL ET HANOT. **De la phtisie pulmonaire.** 1 vol. in-8, avec fig. dans le texte et pl. coloriées. 2e éd. 20 fr.

ICARD (S.). **La femme pendant la période menstruelle,** Étude de psychologie morbide et de médecine légale. In-8. 6 fr.

JANET (P.) ET RAYMOND (F.). **Névroses et idées fixes.**
Tome I, par P. JANET. 1 vol. in-8 avec 92 gr. 12 fr.
Tome II, par F. RAYMOND et P. JANET. in-8 avec 97 grav. 14 fr.

LAGRANGE (F.). **Les mouvements méthodiques et la « mécanothérapie ».** 1 vol. in-8 avec 55 grav. dans le texte. 10 fr.

RILLIET ET BARTHEZ. **Traité clinique et pratique des maladies des enfants.** 3e édit., refondue et augmentée, par BARTHEZ et A. SANNÉ. Tome I, 1 fort vol. gr. in-8. 16 fr. Tome II. 1 fort vol. gr. in-8. 14 fr. Tome III terminant l'ouvrage, 1 fort vol. gr. in-8. 25 fr.

SOLLIER (Paul). **Genèse et nature de l'hystérie,** 2 forts vol. in-8. 1897. 20 fr.

VOISIN (J.). **L'épilepsie,** 1 vol. in-8. 1896. 6 fr.

B. — Pathologie et thérapeutique chirurgicales.

BOVIS (de). **Le cancer du gros intestin,** *rectum excepté.* 1 vol. in-8. 5 fr.

Congrès français de chirurgie. Mémoires et discussions, publiés par MM. POZZI et PICQUÉ, secrétaires généraux :

1re, 2e et 3e sessions : 1885, 1886, 1888, 3 forts vol. gr. in-8, avec fig., chacun, 14 fr. — 4e session : 1889, 1 fort vol. gr. in-8, avec fig., 16 fr. — 5e session : 1891, 1 fort vol. gr. in-8, avec fig., 14 fr. — 6e session : 1892, 1 fort vol. gr. in-8, avec fig. 16 fr. — 7e session : 1893, 1 fort vol. gr. in-8, 18 fr. — 8e, 9e, 10e, 11e 12e et 13e sessions (1894-95-96-97-98-99), chacune. 20 fr.

DELORME. **Traité de chirurgie de guerre.** 2 vol. gr. in-8.

Tome I, avec 95 grav. dans le texte et 1 pl. hors texte. 16 fr.

Tome II, terminant l'ouvrage, avec 400 grav. dans le texte 26 fr.

Ouvrage couronné par l'Académie des sciences.

JAMAIN ET TERRIER. **Manuel de pathologie et de clinique chirurgicales.** 3e édition. Tome I, 1 fort vol. in-18. 8 fr. — Tome II, 1 vol. in-18. 8 fr. — Tome III, avec la collaboration de MM. BROCA et HARTMANN, 1 vol. in-18. 8 fr. — Tome IV, avec la collaboration de MM. BROCA et HARTMANN, 1 vol. in-18. 8 fr.

LABADIE-LAGRAVE et LEGUEU. **Traité médico-chirurgical de gynécologie,** 2e éd. 1901. In-8 avec grav., cart. à l'angl. 25 fr.

LIEBREICH. **Atlas d'ophtalmoscopie,** représentant l'état normal et les modifications pathologiques du fond de l'œil vues à l'ophtalmoscope. 3e édition, atlas in-fo de 12 planches. 40 fr.

MALGAIGNE ET LE FORT. **Manuel de médecine opératoire.** 9e édit. 2 vol. gr. in-18, avec nombreuses fig. dans le texte. 16 fr.

NIMIER ET DESPAGNET. **Traité élémentaire d'ophtalmologie.** 1 fort vol. gr. in-8, avec 432 gr. Cart. à l'angl. 1894. 20 fr.

NIMIER ET LAVAL. **Les projectiles de guerre** et leur action vulnérante. 1 vol. in-12 avec grav. 3 fr.

— **Les explosifs, les poudres, les projectiles d'exercice,** leur action et leurs effets vulnérants. in-12 avec grav. 3 fr.

— **Les armes blanches,** leur action et leurs effets vulnérants. 1 vol. in-12, avec gravures. 6 fr.

— **De l'infection en chirurgie d'armée,** évolution des blessures de guerre. 1 vol. in-12 avec gravures. 1901. 6 fr.

— **Traitement des blessures de guerre.** 1 vol. in-12 avec 52 gravures. 1901. 6 fr.

TERRIER. **Éléments de pathologie chirurgicale générale.**

1er fascicule : *Lésions traumatiques et leurs complications.* 1 vol. in-8. 7 fr.

2e fascicule : *Complications des lésions traumatiques. Lésions inflammatoires.* 1 vol. in-8. 6 fr.

TERRIER et AUVRAY. **Chirurgie du foie et des voies biliaires.** — *Traumatismes du foie et des voies biliaires.* — *Foie mobile.* — *Tumeurs du foie et des voies biliaires.* 1 vol. grand in-8 avec 50 gravures. 1901. 10 fr.

TERRIER et PÉRAIRE. **Petite chirurgie de Jamain.** 8e édit. entièrement refondue. 1901. 1 fort vol. in-12 avec 572 gravures, cartonné à l'anglaise. 8 fr.

C. — Thérapeutique. Pharmacie. Hygiène.

BOSSU. **Petit compendium médical.** 1 vol. in-32, 7e édit.. cart. à l'anglaise. 1 fr. 25

BOUCHARDAT (A. et G.). **Nouveau formulaire magistral,** précédé d'une Notice sur les hôpitaux de Paris, de généralités sur l'art de formuler, suivi d'un Précis sur les eaux minérales naturelles et artificielles, d'un Mémorial thérapeutique, de notions sur l'emploi des contrepoisons et sur les secours à donner aux empoisonnés et aux asphyxiés. 1900, 32e édition, revue et corrigée. 1 vol. in-18, broché, 3 fr. 50; cartonné, 4 fr.; relié. 4 fr. 50

BOUCHARDAT ET DESOUBRY. **Formulaire vétérinaire,** contenant le mode d'action, l'emploi et les doses des médicaments. 5e édit. 1 vol. in-18, br. 3 fr. 50, cart. 4 fr., relié. 4 fr. 50

LAGRANGE (F.). **La médication par l'exercice.** 1 vol. grand in-8, avec 68 gravures et une carte. 1894. 12 fr.

WEBER. **Climatothérapie,** traduit de l'allemand par les docteurs DOYON et SPILLMANN. 1 vol. in-8. 1886. 6 fr.

D. — Anatomie. Physiologie. Histologie.

BELZUNG. **Anatomie et physiologie végétales.** 1 fort volume in-8 avec 1700 gravures. 20 fr.

— **Anatomie et physiologie animales.** 1 fort volume in-8 avec 522 gravures dans le texte. 8e éd., revue. 6 fr., cart. 7 fr.

CORNIL, RANVIER, BRAULT ET LETULLE. **Manuel d'histologie pathologique.** 3e éd. refondue. 4 vol. in-8, avec nombreuses fig. dans le texte. T. I, avec 369 grav. en noir et en couleurs. 25 fr.

L'ouvrage complet comprendra 4 volumes.

DEBIERRE. **Traité élémentaire d'anatomie de l'homme.** Anatomie descriptive et dissection, avec notions d'organogénie et d'embryologie générales. Ouvrage complet en 2 volumes. 40 fr.

Tome I, *Manuel de l'amphithéâtre,* 1 vol. in-8 de 950 pages avec 450 figures en noir et en couleurs dans le texte. 1890. 20 fr.

Tome II et dernier : 1 vol. in-8 avec 515 figures en noir et en couleurs dans le texte. 20 fr.

Ouvrage couronné par l'Académie des sciences.

FAU. **Anatomie des formes du corps humain,** à l'usage des peintres et des sculpteurs. 1 atlas in-folio de 25 planches. Prix : fig. noires, 15 fr. — Fig. coloriées. 30 fr.

LABORDE. **Les tractions rythmées de la langue,** traitement physiologique de la mort. 1 vol. in-12. 2e éd. 1897. 5 fr.

MINISTRES ET HOMMES D'ÉTAT

Volumes in-16 à 2 fr. 50

Bismarck, par HENRI WELSCHINGER.
Prim, par H. LÉONARDON.
Disraeli, par M. COURCELLE.

BIBLIOTHÈQUE GÉNÉRALE DES SCIENCES SOCIALES

SECRÉTAIRE DE LA RÉDACTION

DICK MAY, Secrétaire général de l'École des Hautes Études sociales.

Volumes in-8° carré de 300 pages environ, cartonnés à l'anglaise.
Chaque volume, 6 fr.

L'individualisation de la peine, par R. SALEILLES, professeur à la Faculté de droit de l'Université de Paris.
L'idéalisme social, par EUGÈNE FOURNIÈRE, député.
Ouvriers du temps passé (XV° et XVI° siècles), par H. HAUSER, professeur à l'Université de Clermont-Ferrand.
Les transformations du pouvoir, par G. TARDE, de l'Institut, professeur au Collège de France.
Morale sociale. Leçons professées au Collège des sciences sociales par MM. G. BELOT, MARCEL BERNÈS, BRUNSCHVICG, F. BUISSON, DARLU, DAURIAC, DELBET, CH. GIDE, M. KOVALEVSKY, MALAPERT, le R. P. MAUMUS, DE ROBERTY, G. SOREL, le PASTEUR WAGNER. Préface de M. ÉMILE BOUTROUX, de l'Institut.
Les enquêtes, *pratique et théorie*, par P. DU MAROUSSEM. (*Ouvrage couronné par l'Institut.*)
Questions de morale, leçons professées à l'École de morale, par MM. BELOT, BERNÈS, F. BUISSON, A. CROISET, DARLU, DELBOS, FOURNIÈRE, MALAPERT, MOCH, D. PARODI, G. SOREL.
Le développement du catholicisme social, depuis l'encyclique *Rerum Novarum*, par MAX TURMANN.
Le socialisme sans doctrines (La question ouvrière et agraire en Australie et Nouvelle-Zélande), par A. MÉTIN, agrégé de l'Université.
L'éducation morale dans l'Université (*Enseignement secondaire*). Conférences et discussions sous la présidence de M. A. CROISET, doyen de la Faculté des lettres de l'Université de Paris. (*École des hautes études sociales*, 1900-1901).
La méthode historique appliquée aux sciences sociales, par CH. SEIGNOBOS, maître de conf. à l'Univ. de Paris.
Assistance sociale, *pauvres et mendiants*, par PAUL STRAUSS, sénateur.

BIBLIOTHÈQUE D'HISTOIRE CONTEMPORAINE

Volumes in-18 et in-8

EUROPE

HISTOIRE DE L'EUROPE PENDANT LA RÉVOLUTION FRANÇAISE, par *H. de Sybel*. Traduit de l'allemand par Mlle Dosquet. 6 vol. in-8 . . 42 fr.
HISTOIRE DIPLOMATIQUE DE L'EUROPE, DE 1815 A 1878, par *Debidour*. 2 vol. in-8. . . . . 18 fr.
LA QUESTION D'ORIENT, depuis ses origines jusqu'à nos jours, par *E. Driault*, préface de *G. Monod*. 1 vol. in-8. 2° édit. . . . . 7 fr.

FRANCE

La révolution française, par *H. Carnot*. 1 vol. in-18. Nouv. édit. 3 50
Le culte de la raison et le culte de l'être suprême (1793-1794). Étude historique par *Aulard*, 1 vol. in-18. . . . . 3 50
Études et leçons sur la révolution française, par *Aulard*. 2 vol. in-18. Chacun. 3 50
Variétés révolutionnaires, par *M. Pellet*, 3 vol. in-18, chacun 3 50
Les campagnes des armées françaises (1792-1815), par *C. Vallaux*. 1 vol. in-12. . . . . 3 fr. 50
Napoléon et la société de son temps, par *P. Bondois*. 1 vol. in-8. 7 fr.
Histoire de la Restauration, par *de Rochau*. 1 vol. in-18. . . . 3 50
Histoire de dix ans, par *Louis Blanc*. 5 vol. in-8. . . . . 25 fr.
Histoire du second empire (1848-1870), par *Taxile Delord*. 6 vol. in-8. 42 fr.
Histoire du parti républicain (1814-1870), par *G. Weill*. 1 v. in-8. 10 fr.
Histoire de la troisième république par *E. Zevort* :
I. *Présidence de M. Thiers*. 1 vol. in-8. 2e édit. . . . . . . 7 fr.
II. *Présidence du Maréchal*. 1 vol. in-8. 2e édit. . . . . . . 7 fr.
III. *Présidence de Jules Grévy*. 1 vol. in-8. . . . . 7 fr.
IV. *Présidence de Sadi-Carnot*. 1 vol. in-8. . . . . 7 fr.
Histoire de la liberté de conscience en France (1595-1870), par *G. Bonet-Maury*, 1 vol. in-8. . . . . 5 fr.
Les civilisations tunisiennes (Musulmans, Israélites, Européens), par *Paul Lapie*. 1 vol. in-8. . . . . 3 fr. 50
Histoire parlementaire de la deuxième république, par *Eug. Spuller*, 1 vol. in-18, 2e édit. 3 50
La France politique et sociale, par *Aug. Laugel*. 1 vol. in-8. 5 fr.
Histoire des rapports de l'Église et de l'État en France (1789-1870), par *A. Debidour*. 1 vol. in-8 . . . . 12 fr.
Les Colonies françaises, par *P. Gaffarel*. 1 vol. in-8, 6e éd. . . 5 fr.
La France hors de France. *De notre émigration*, par *J.-B. Piolet*, s. j. 1 vol. in-8. . . . . 10 fr.
L'Indo-Chine française, étude économique, politique et administrative sur *la Cochinchine*, *le Cambodge*, *l'Annam* et *le Tonkin* (médaille Dupleix de la Société de Géographie commerciale), par *J.-L. de Lanessan*. 1 vol. in-8, avec 5 cartes en couleurs. . . . . 15 fr.
L'Algérie, par *M. Wahl*. 1 vol. in-8, 3e édition. Ouvrage couronné par l'Institut. . . . . 5 fr.

ANGLETERRE

Histoire contemporaine de l'Angleterre, depuis la mort de la reine Anne jusqu'à nos jours, par *H. Reynald*. 1 vol. in-18, 2e éd. . 3 50
Lord Palmerston et lord Russel, par *Aug. Laugel*. 1 vol. in-18. 3 50
Le socialisme en Angleterre, par *Albert Métin*. 1 vol. in-18. 3 50

ALLEMAGNE

Histoire de la Prusse, depuis la mort de Frédéric II jusqu'à la bataille de Sadowa, par *Eug. Véron*. 1 vol. in-18. 6e éd. revue par *Paul Bondois*. 3 50
Histoire de l'Allemagne, depuis la bataille de Sadowa jusqu'à nos jours, par *Eug. Véron*. 1 vol. in-18, 3e éd. continuée jusqu'en 1892, par *Paul Bondois* 3 50
Le socialisme allemand et le nihilisme russe, par *J. Bourdeau*. 1 vol. in-18. 2e édition. 3 50
Les origines du socialisme d'état en Allemagne, par *Ch. Andler*. 1 vol. in-8. . . . . 7 fr.
L'Allemagne nouvelle et ses historiens. *Niebuhr*, *Ranke*, *Mommsen*, *Sybel*, *Treitschke*, par *A. Guilland*. 1 vol. in-8. . . . . 5 fr.

AUTRICHE-HONGRIE

Histoire de l'Autriche, depuis la mort de Marie-Thérèse jusqu'à nos jours, par *L. Asseline*. 1 vol. in-18. 3e éd. 3 50

Les Tchèques et la Bohême contemporaine, par *J. Bourlier*. 1 vol. in-18. . . . . 3 50

Les races et les nationalités en Autriche-Hongrie, par *B. Auerbach*. 1 vol. in-8. . . . . 5 fr.

ESPAGNE

Histoire de l'Espagne, depuis la mort de Charles III jusqu'à nos jours, par *H. Reynald*. 1 vol. in-18 . . . . 3 50

RUSSIE

Histoire contemporaine de la Russie, depuis la mort de Paul Ier jusqu'à l'avènement de Nicolas II, par *M. Créhange*. 1 vol. in-18, 2e éd. 3 50

SUISSE

Histoire du peuple suisse, par *Daendliker*, précédée d'une Introduction par *Jules Favre*. 1 vol. in-8. . . . . 5 fr.

AMÉRIQUE

Histoire de l'Amérique du Sud, par *Alf. Deberle*. 1 vol. in-18. 3e éd., revue par *A. Milhaud*. 1897. 3 50

ITALIE

Histoire de l'unité italienne (1815-1870), par *Bolton King*. Traduit de l'anglais par Macquart, introduction de *Yves Guyot*. 2 vol. in-8. 15 fr.

Histoire de l'Italie, depuis 1815 jusqu'à la mort de Victor-Emmanuel, par *E. Sorin*. 1 vol. in-18 . . . . 3 50

Bonaparte et les républiques italiennes (1796-1799), par *P. Gaffarel*, 1 vol. in-8 . . . . 5 fr.

ROUMANIE

Histoire de la Roumanie contemporaine (1822-1900), par *F. Damé*. 1 vol. in-8. . . . . 7 fr.

GRÈCE et TURQUIE

La Turquie et l'hellénisme contemporain, par *V. Bérard*. 1 vol. in-18. 4e éd. *Ouvrage couronné par l'Académie française*. 3 50

Bonaparte et les îles Ioniennes (1797-1816), par *E. Rodocanachi*. 1 vol. in-8. . . . . 5 fr.

CHINE

Histoire des relations de la Chine avec les puissances occidentales (1860-1900), par *H. Cordier*. T. I. 1861-1875. 1 vol. in-8, 10 fr. — T. II. 1876-1900. 1 vol. in-8, 10 fr. (*Paraîtra en octobre 1901*.)

En Chine. Mœurs et institutions — Hommes et faits, par *Maurice Courant*. 1 vol. in-16 . . . . 3 50

Le drame chinois (1900), par *Marcel Monnier*. 1 vol. in-16. . . . 2 50

E. Driault. Les problèmes politiques et sociaux à la fin du XIXe siècle. 1 vol. in-8. . . . . 7 fr.

Jules Barni. Histoire des idées morales et politiques en France au XVIIIe siècle. 2 vol. in-18, chaque volume 3 50

— Les moralistes français au XVIIIe siècle. 1 vol. in-18. . . . . 3 50

E. de Laveleye. Le socialisme contemporain. 1 volume in-18, 11e édition, augmentée. 3 50

E. Despois. Le vandalisme révolutionnaire. 1 vol. in-18. 2e éd. 3 50

Eug. Spuller. Figures disparues, portraits contemporains, littéraires et politiques. 3 vol. in-18, chaque vol. 3 50

Eug. Spuller. L'éducation de la démocratie. 1 vol. in-18. . 3 50

Eug. Spuller. L'évolution politique et sociale de l'Église. 1 vol. in-18. . . . . 3 50

G. Schefer. Bernadotte roi (1810-1814-1844). 1 vol. in-8. . 5 fr.

C. Guéroult. Le centenaire de 1789. Évolution politique, philos. artistique et scientifique de l'Europe depuis cent ans. In-18. . 3 50

Joseph Reinach. PAGES RÉPUBLICAINES. 1 vol. in-18. . . . . 3 50
Hector Depasse. TRANSFORMATIONS SOCIALES. 1 vol. in-18 . . 3 50
Hector Depasse. DU TRAVAIL ET DE SES CONDITIONS, 1 vol. in-18 . . . . 3 50
Eug. d'Eichthal. SOUVERAINETÉ DU PEUPLE ET GOUVERNEMENT, 1 vol. in-18. . . . . 3 50
G. Isambert. LA VIE A PARIS PENDANT UNE ANNÉE DE LA RÉVOLUTION (1791-1792). 1 vol. in-18. 3 50
G. Weill. L'ÉCOLE SAINT-SIMONIENNE. 1 vol. in-18 . . . . 3 50
A. Lichtenberger. LE SOCIALISME UTOPIQUE. 1 vol. in-18. . 3 50
— LE SOCIALISME ET LA RÉVOLUTION FRANÇAISE. 1 vol. in-8. . . 5 fr.
Paul Matter. LA DISSOLUTION DES ASSEMBLÉES PARLEMENTAIRES, 1 vol. in-8. . . . . 5 fr.
J. Bourdeau. L'ÉVOLUTION DU SOCIALISME. 1 vol. in-18. . . 3 fr. 50

BIBLIOTHÈQUE DE PHILOSOPHIE CONTEMPORAINE

VOLUMES IN-12.

Br., 2 fr. 50; cart. à l'angl., 3 fr.; reliés, 4 fr.

H. Taine.
Philosophie de l'art dans les Pays-Bas. 2e édition.

Paul Janet.
Origines du socialisme contemporain. 3e éd.
La philosophie de Lamennais.

Alaux.
Philosophie de Victor Cousin.

Ad. Franck.
Philosophie du droit pénal. 4e édit.
Des rapports de la religion et de l'État. 2e édit.
La philosophie mystique en France au XVIIIe siècle.

Beaussire.
Antécédents de l'hégélianisme dans la philosophie française.

Charles de Rémusat.
Philosophie religieuse.

Émile Saisset.
L'âme et la vie.

Auguste Laugel.
L'Optique et les Arts.

Camille Selden.
La Musique en Allemagne.

Mariano.
La Philosophie contemp. en Italie.

Stuart Mill.
Auguste Comte et la philosophie positive. 4e édition.
L'Utilitarisme. 2e édition.

E. Faivre.
De la variabilité des espèces.

Ernest Bersot.
Libre philosophie.

Herbert Spencer.
Classification des sciences. 7e édit.
L'individu contre l'État. 5e éd.

Bertauld.
De la philosophie sociale.

Th. Ribot.
La philos. de Schopenhauer. 8e éd.
Les maladies de la mémoire. 14e éd.
Les maladies de la volonté. 15e éd.
Les maladies de la personnalité. 9e éd.
La psychologie de l'attention. 5e éd.

E. de Hartmann.
La Religion de l'avenir. 4e édition.
Le Darwinisme. 5e édition.

Schopenhauer.
Le libre arbitre. 8e édition.
Le fondement de la morale. 7e édit.
Pensées et fragments. 15e édition.

Marion.
J. Locke, sa vie, son œuvre. 2e édit.

Liard.
Les Logiciens anglais contemporains. 4e édition.
Définitions géométriques. 2e édit.

O. Schmidt.
Les sciences naturelles et la philosophie de l'Inconscient.

A. Espinas.
Philosophie expérim. en Italie.

John Lubbock.
Le bonheur de vivre. 2 vol. 5e éd.
L'emploi de la vie. 3e édit.

Maus.
La justice pénale.

A. Levy.
Morceaux choisis des philos. allem.

Roisel.
De la substance.
L'idée spiritualiste. 2e édit.

Zeller.
Christ. Baur et l'école de Tubingue.

Stricker.
Du langage et de la musique.

Coste.
Les conditions sociales du bonheur et de la force. 3e édition.

Binet.
Psychologie du raisonnement. 2e éd.

G. Ballet.
Langage intérieur et aphasie. 2e éd.

Mosso.
La peur. 2e éd.
La fatigue intellect. et phys. 2e éd.

Tarde.
La criminalité comparée. 4e éd.
Les transformations du droit. 2e éd.
Les lois sociales. 2e édit.

Paulhan.
Les phénomènes affectifs. 2e édit.
J. de Maistre, sa philosophie.
Psychologie de l'invention.

Ch. Richet.
Psychologie générale. 4e éd.

Delbœuf.
Matière brute et matière vivante.

Ch. Féré.
Sensation et mouvement. 2e édit.
Dégénérescence et criminalité. 3e éd.

Vianna de Lima.
L'homme selon le transformisme.

L. Arréat.
La morale dans le drame, l'épopée et le roman. 2e édition.
Mémoire et imagination (peintres, musiciens, poètes et orateurs).
Les croyances de demain.
Dix ans de philosophie (1890-1900).

De Roberty.
L'inconnaissable.
L'agnosticisme. 2e édit.
La recherche de l'Unité.
Auguste Comte et H. Spencer. 2e éd.
Le bien et le mal.
Psychisme social.
Fondements de l'éthique.
Constitution de l'éthique.

Bertrand.
La psychologie de l'effort.

Guyau.
La genèse de l'idée de temps. 2e éd.

Lombroso.
L'anthropologie criminelle. 4e éd.
Nouvelles recherches de psychiatrie et d'anthropologie criminelle.
Les applications de l'anthropologie criminelle.

Thamin.
Éducation et positivisme. 2e éd.

Pioger.
Le monde physique.

Queyrat.
L'imagination chez l'enfant. 2e édit.
L'abstraction, son rôle dans l'éducation intellectuelle.
Les caractères et l'éducation morale.

G. Lyon.
La philosophie de Hobbes.

Wundt.
Hypnotisme et suggestion.

Fonsegrive.
La causalité efficiente.

Carus.
La conscience du moi.

G. de Greef.
Les lois sociologiques. 2e édit.

Th. Ziegler.
La question sociale est une question morale. 2e éd.

G. Danville.
La psychologie de l'amour. 2e édit.

Gustave Le Bon.
Lois psychologiques de l'évolution des peuples. 4e éd.
La psychologie des foules. 5e éd.

G. Dumas.
Les états intellectuels dans la mélancolie.

E. Durkheim.
Les règles de la méthode sociologique. 2e édit.

P.-F. Thomas.
La suggestion, son rôle dans l'éducation intellectuelle. 2e édit.
Morale et éducation.

Mario Pilo.
La psychologie du beau et de l'art.

Dunan.
Théorie psychologique de l'espace.

Lechalas.
Étude sur l'espace et le temps.

R. Allier.
Philosophie d'Ernest Renan.

Lange.
Les émotions.

G. Lefèvre.
Obligation morale et idéalisme.

C. Bouglé.
Les sciences sociales en Allemagne.

E. Boutroux.
Conting. des lois de la nature. 3e éd.

J. Lachelier.
Du fondement de l'induction. 3e éd

J.-L. de Lanessan.
Morale des philosophes chinois.

Max Nordau.
Paradoxes psychologiques. 3e éd.
Paradoxes sociologiques. 3e édit.
Psycho-physiologie du génie et du talent. 2e éd.

Marie Jaëll.
La musique et la psycho-physiologie.

G. Richard.
Le socialisme et la science sociale.

L. Dugas.
Le psittacisme et la pensée symbolique.
La timidité. 2e édit.

Fierens-Gevaert.
Essai sur l'art contemporain.
La tristesse contemporaine. 3e éd.
Psychologie d'une ville. Essai sur Bruges.

F. Le Dantec.
Le déterminisme biologique.
L'individualité et l'erreur individualiste.
Lamarckiens et darwiniens.

L. Dauriac.
La psychol. dans l'Opéra français.

A. Cresson.
La morale de Kant.

P. Regnaud.
Précis de logique évolutionniste.
Comment naissent les mythes.

E. Ferri.
Les criminels dans l'art et la littér.

Novicow.
L'avenir de la race blanche.

R. C. Herckenrath.
Probl. d'esthétique et de morale.

G. Milhaud.
Essai sur les conditions et les limites de la certitude logique.
Le Rationnel.

F. Pillon.
La philosophie de Charles Secrétan.

G. Renard.
Le régime socialiste. 2e édit.

H. Lichtenberger.
La philosophie de Nietzsche. 6e éd.
Aphorismes et fragments choisis de Nietzsche.

E. d'Eichthal.
Correspondance inédite de J. Stuart Mill avec G. d'Eichthal.
Les probl. sociaux et le socialisme.

Mme Lampérière.
Le rôle social de la femme.

M. de Fleury.
L'âme du criminel.

Ossip-Lourié.
Pensées de Tolstoï.
Philosophie de Tolstoï.
La philos. soc. dans le théât. d'Ibsen.

Lapie.
La justice par l'État.

T. Wechniakoff.
Savants, penseurs et artistes.

L. Marguery.
L'œuvre d'art et l'évolution.

Hervé Blondel.
Les approximations de la vérité.

Mauxion.
L'éducation par l'instruction et les théories pédagogiques de Herbert.

Duprat.
Les causes sociales de la folie.

Bergson.
Le rire. 2e édit.

Tanon.
L'évol. du droit et la conscience soc.

Brunschvicg.
Introduction à la vie de l'esprit.

E. Fournière.
Essai sur l'individualisme.

E. Murisier.
Les malad. du sentiment religieux.

A. Naville.
Nouvelle classification des sciences, 2e édit.

G. Palante.
Précis de sociologie.

VOLUMES IN-8

Brochés, à 5, 7 50 et 10 fr.; cart. angl., 1 fr. de plus par vol.; reliure, 2 fr.

Agassiz.
De l'espèce et des classifications. 5 fr.

Stuart Mill.
Mes mémoires. 3e éd. 5 fr.
Système de logique déductive et inductive. 4e édit. 2 vol. 20 fr.
Essais sur la Religion. 4e édit. 5 fr.

Herbert Spencer.
Les premiers principes. 8e éd. 10 fr.
Principes de psychologie. 2 vol. 20 fr.
Principes de biologie. 2 vol. 20 fr.
Princip. de sociol. 4 vol. 36 fr. 25
Essais sur le progrès. 5e éd. 7 fr. 50
Essais de politique. 4e éd. 7 fr. 50

Essais scientifiques. 3e éd. 7 fr. 50
De l'éducation physique, intellectuelle et morale. 10e édit. 5 fr.
(V. *Bibl. sc. intern.*, p. 1 et 2.)

Collins.

Résumé de la phil. de H. Spencer. 3e éd. 10 fr.

Emile Saigey.

Les sciences au XVIIe siècle. La physique de Voltaire. 5 fr.

Paul Janet.

Les causes finales. 3e édit. 10 fr.
OEuvres phil. de Leibnitz. 2 vol. 20 fr.

Th. Ribot.

L'hérédité psycholog. 5e éd. 7 fr. 50
La psychologie anglaise contemporaine. 3e éd. 7 fr. 50
La psych. allem. contemp. 4e éd. 7 fr. 50
La psych. des sentim. 3e éd. 7 fr. 50
L'évolution des idées générales. 5 fr.
L'imagination créatrice. 5 fr.

Alf. Fouillée.

La liberté et le déterminisme. 7 fr. 50
Critique des systèmes de morale contemporains. 4e éd. 7 fr. 50
La morale, l'art et la religion d'après Guyau. 4e éd. 3 fr. 75
L'avenir de la métaphysique fondée sur l'expérience. 2e édit. 5 fr.
L'évolution des idées-forces. 7 fr. 50
La psych. des idées-forces. 2 vol. 15 fr.
Tempérament et caractère. 7 fr. 50
Le mouvement idéaliste. 7 fr. 50
Le mouvement positiviste. 7 fr. 50
Psych. du peuple français. 7 fr. 50
La France au p. de v. moral. 7 50

Bain (Alex.).

La logiq. induct. et déduct. 3e éd. 2 vol. 20 fr.
Les sens et l'intell. 3e édit. 10 fr.
Les émotions et la volonté. 10 fr.

Matthew Arnold.

La crise religieuse. 7 fr. 50

Flint.

La philosophie de l'histoire en Allemagne. 7 fr. 50

Liard.

La science positive et la métaphysique. 4e édit. 7 fr. 50
Descartes. 5 fr.

Guyau.

La morale angl. cont. 4e éd. 7 fr. 50
Les problèmes de l'esthétique contemporaine. 6e éd. 5 fr.
Esquisse d'une morale sans obligation ni sanction. 5e éd. 5 fr.
L'irréligion de l'avenir. 7e éd. 7 fr. 50
L'art au point de vue sociol. 7 fr. 50
Hérédité et éducation. 5e éd. 5 fr.

E. Naville.

La logique de l'hypothèse. 2e éd. 5 fr.
La physique moderne. 2e édit. 5 fr.
La définition de la philosophie. 5 fr.
Les philosophies négatives. 5 fr.

Marion.

La solidarité morale. 5e édit. 5 fr.

Schopenhauer.

Aphorisme sur la sagesse dans la vie. 6e éd. 5 fr.
La quadruple racine du principe de la raison suffisante. 5 fr.
Le monde comme volonté et représentation. 3 vol. 3e éd. 22 fr. 50

James Sully.

Le pessimisme. 2e éd. 7 fr. 50
Etudes sur l'enfance. 10 fr.

Buchner.

Science et nature. 2e édition. 7 fr. 50

Louis Ferri.

La psychologie de l'association, depuis Hobbes. 7 fr. 50

Séailles.

Ess. sur le génie dans l'art. 2e éd. 5 fr.

Preyer.

Éléments de physiologie. 5 fr.
L'âme de l'enfant. 10 fr.

Ad. Franck.

La philosophie du droit civil. 5 fr.

Clay.

L'alternative. 2e éd. 10 fr.

Bernard Perez.

Les trois premières années de l'enfant. 5e édit. 5 fr.
L'enfant de trois à sept ans. 5 fr.
L'éd. mor. dès le berceau. 4e éd. 5 fr.
L'éduc. intell. dès le berceau. 5 fr.

Lombroso.

La femme criminelle et la prostituée (en collab. avec M. Ferrero). 1 vol. in-8 avec planches. 15 fr.
Le crime polit. et les révol. (en collab. avec M. Laschi). 2 vol. 15 fr.
L'homme criminel. 2 vol. avec atlas. 36 fr.

Ludovic Carrau.

La philosophie religieuse en Angleterre depuis Locke. 5 fr.

Sergi.

La psychologie physiologiq. 7 fr. 50

Piderit.

La mimique et la physiognomonie, avec 95 fig. 5 fr.

Fonsegrive.

Le libre arbitre. 3e éd. 10 fr.

Roberty (E. de).

L'ancienne et la nouvelle philosophie. 7 fr. 50
La philosophie du siècle. 5 fr.

Garofalo.
La criminologie. 4e édit. 7 fr. 50
La superstition socialiste. 5 fr.

G. Lyon.
L'idéalisme en Angleterre au XVIIIe siècle. 7 fr. 50

Souriau.
L'esthétique du mouvement. 5 fr.
La suggestion dans l'art. 5 fr.

Fr. Paulhan.
L'activité mentale et les éléments de l'Esprit. 10 fr.
Esprits logiques et esprits faux. 7 fr. 50

Barthélemy Saint-Hilaire.
La philosophie dans ses rapports avec les sciences et la religion. 5 fr.

Pierre Janet.
L'automatisme psychol. 3e éd. 7 fr. 50

Bergson.
Essai sur les données immédiates de la conscience. 2e édit. 3 fr. 75
Matière et mémoire. 5 fr.

E. de Laveleye.
De la propriété et de ses formes primitives. 5e édit. 10 fr.
Le gouvernement dans la démocratie. 3e éd., 2 vol. 15 fr.

Ricardou.
De l'idéal. 5 fr.

Romanes.
L'évol. ment. chez l'homme. 7 fr. 50

Pillon.
L'année philosophique. 10 vol.: 1890, 1891, 1892, 1894, 1895, 1896, 1897, 1898, 1899, 1900. Séparém. 5 fr.

Brunschvicg.
Spinoza. 3 fr. 75
La modalité du jugement 5 fr.

Picavet.
Les idéologues. 10 fr.

Gurney, Myers et Podmore
Les hallucin. télépath. 3e éd. 7 fr. 50

Arréat.
Psychologie du peintre. 5 fr.

L. Proal.
Le crime et la peine. 3e éd. 10 fr.
La criminalité politique. 5 fr.
Le crime et le suicide passionnels. 10 fr.

G. Hirth.
Physiologie de l'art. 5 fr.

Dewaule.
Condillac et la psychologie anglaise contemporaine. 5 fr.

Bourdon.
L'expression des émotions et des tendances dans le langage. 5 fr.

L. Bourdeau.
Le problème de la mort. 3e éd. 5 fr.
Le problème de la vie. 7 fr. 50

Novicow.
Les luttes entre soc. humaines. 10 fr.
Les gaspill. des soc. modernes. 5 fr.

Durkheim.
De la div. du trav. soc. 2e éd. 7 fr. 50
Le suicide, étude sociale. 7 fr. 50
L'année sociologique 1re, 2e, 3e et 4e années (1897-1898-1899-1900), chacune. 10 fr.

Payot.
L'éducation de la volonté. 11e éd. 5 fr.
De la croyance. 5 fr.

Ch. Adam.
La philosophie en France (première moitié du XIXe siècle). 7 fr. 50

H. Oldenberg.
Le Bouddha, sa vie, sa doctrine, sa communauté. 2e éd. 7 fr. 50

J. Pioger.
La vie et la pensée. 5 fr.
La vie sociale, la morale et le progrès. 5 fr.

Max Nordau.
Dégénérescence. 2 v. 5e éd. 17 fr. 50
Les mensonges conventionnels de notre civilisation. 4e éd. 5 fr.

P. Aubry.
La contag. du meurtre. 3e éd. 5 fr.

Fr. Martin.
La perception extérieure et la science positive. 5 fr.

A. Godfernaux.
Le sentiment et la pensée. 5 fr.

Em. Boirac.
L'idée de phénomène. 5 fr.

L. Lévy-Bruhl.
La philosophie de Jacobi. 5 fr.
Lettres inédites de J. Stuart Mill à Auguste Comte. 10 fr.
La philos. d'Aug. Comte. 7 fr. 50

G. Ferrero.
Les lois psychologiques du symbolisme. 5 fr.

G. Tarde.
La logique sociale. 7 fr. 50
Les lois de l'imitation. 2e éd. 7 fr. 50
L'opposition universelle. 7 fr. 50
L'opinion et la foule. 5 fr.

G. de Greef.
Le transformisme social. 2 éd. 7 fr. 50

Crépieux-Jamin.
L'écriture et le caractère 4e éd. 7 fr. 50

J. Izoulet.
La cité moderne. 4e éd. 10 fr.

Thouverez.
Réalisme métaphysique. 5 fr.

Lang.
Mythes, cultes et religions. 10 fr.

Récéjac.
La connaissance mystique. 5 fr.

Aug. Comte.
La sociologie. 7 fr. 50

Duproix.
Kant et Fichte et le problème de l'éducation. 5 fr.

Brochard.
De l'erreur. 2e éd. 5 fr.

Em. Boutroux.
Études d'hist. de la philos. 7 50 fr.

C. Piat.
La personne humaine. 7 fr. 50
Destinée de l'homme. 5 fr.

P. Malapert.
Les éléments du caractère. 5 fr.

J.-M. Baldwin.
Le développement mental chez l'enfant et dans la race. 7 fr. 50

G. Fulliquet.
Sur l'obligation morale. 7 fr. 50

Jean Pérès.
L'art et le réel. 3 fr. 75

H. Lichtenberger.
Richard Wagner, poète et penseur. 2e édit. 10 fr.

E. Goblot.
La classific. des sciences. 5 fr.

A. Bertrand.
L'enseigement intégral. 5 fr.
Les études dans la démocratie. 5 fr.

E. Sanz y Escartin.
L'individu et la réforme sociale. 7 fr. 50

Max Muller.
Nouv. études de Mythol. 12 fr. 50

A. Coste.
Principes d'une sociol. obj. 3 fr. 75
L'expérience des peuples. 10 fr.

Durand de Gros.
Taxinomie générale. 5 fr.
Esthétique et morale. 5 fr.
Variétés philosophiques 2e éd. 5 fr.

F. Rauh.
De la méthode dans la psychologie des sentiments. 5 fr.

G.-L. Duprat.
L'instabilité mentale. 5 fr.

L. Gérard-Varet.
L'ignorance et l'irréflexion. 5 fr.

P.-Félix Thomas.
L'éducation des sentiments. 5 fr.

Gustave Le Bon.
Psychologie du socialisme. 7 fr. 50

A. Espinas.
La philosophie sociale au XVIIIe siècle et la Révolution. 7 fr. 50

Hannequin.
Ess. sur l'hypoth. des atomes. 7 fr. 50

R. de la Grasserie.
De la psychologie des religions. 5 fr.

Ouvré.
Form. lit. de la pensée grecque. 10 fr.

Renard.
La méthode scientifique de l'histoire littéraire. 10 fr.

Bouglé.
Les idées égalitaires. 3 fr. 75

Lechartier.
David Hume, moraliste et sociologue. 3 fr. 75

Sollier.
Psychologie de l'idiot et de l'imbécile. 2e éd. 5 fr.
Le problème de la mémoire. 3 fr. 75

G. Dumas
La tristesse et la joie. 7 fr. 50

H. Hoffding.
Esquisse d'une psychologie fondée sur l'expérience. 7 fr. 50

Aleugry.
La sociologie chez Aug. Comte. 10 fr.

Barzellotti.
La philosophie de H. Taine. 7 fr. 50

Stein.
La question sociale au point de vue philosophique. 10 fr.

Renouvier.
Les dilem. de la métaph. pure. 5 fr.
Hist. et solut. des problèmes métaphys. 7 fr. 50

Sighele.
La foule criminelle. 5 fr.

Leclère.
Le droit d'affirmer. 5 fr.

E. Halévy.
La form. du radicalisme philos.
I. *La jeunesse de Bentham*, 7 fr. 50
II. *Evol. de la doctr. utilitaire*, 1789-1815. 7 fr. 50

P. Hartenberg.
Les timides et la timidité. 5 fr.

Coulommiers. — Ir

Coulommiers. — Imp. Paul Brodard. — 309-1902

www.ingramcontent.com/pod-product-compliance
Ingram Content Group UK Ltd.
Pitfield, Milton Keynes, MK11 3LW, UK
UKHW020319230726
13925UKWH00002B/510

9 782019 233075